Ludwig Wittgenstein

ウィトゲンシュタイン『秘密の日記』

第一次世界大戦と『論理哲学論考』

L・ウィトゲンシュタイン

丸山空大［訳］ 星川啓慈・石神郁馬［解説］

春秋社

はじめに

ルートヴィヒ・ウィトゲンシュタインの『論理哲学論考』は二〇世紀を代表する哲学書の一つである。しかし、この書物が第一次世界大戦の東部戦線のただなかで構想されたということは、あまり知られていない。確かに、大戦が行われていた時期に書かれた哲学的考察の断片は『草稿一九一四–一九一六』として早くから出版されていたが、この中に戦争に関する記述はない。この『草稿』を見ると、あたかもウィトゲンシュタインは戦争の時代にありながら、そこから遠く隔たった抽象的な思索の世界に生きていたかのような印象を受ける。しかし、ウィトゲンシュタインが戦争中に書き残したテクストはこの『草稿』だけではなかった。彼は、砲弾が飛び交う戦場での生活や心情を日記にしたためていたのだ。しかも、この日記は『草稿』と同じノートに暗号で書かれていた。

『秘密の日記』とは、戦争中に書かれ、その後ウィトゲンシュタインの遺稿管理人等によって秘匿された、この私的な日記に他ならない。それは、つぎのような理由で非常に重要なテクストだといえる。第一に、それは人間ウィトゲンシュタインについて重要な情報を与える。戦争のさなか、彼は前線で何を感じ、何を考えたのか。何を求め、何を祈ったのか。この日記には、こうしたことが克明に記録されている。第二に、それはウィトゲンシュタインの初期思想を理解するための重要な手がかりを与える。彼は『論理哲学論考』の終わりで、人間の意志や倫理、生や死の問題に論及した。この部分で展開される考察には、従軍中の体験や思索が様々な仕方で反映されている。第三に、この日記は、一人の若き哲学者と戦争とのかかわりをありのままに示す。日記に記された怒り、絶望、恐れ、そして神への祈りの中には、鋭敏な青年の内的な戦いの過程をつぶさに読み取ることができる。このため、この日記は専門家以外の人々にとっても興味深いものであるだろう。

多くの人にとって読みやすいものとするために、本書は、第二部として星川と石神による大部の解説を付した。解説では、第一次世界大戦におけるウィトゲンシュタインの動向に加え、東部戦線の状況や当時用いられていた兵器について詳細な説明を与えた。読者は、先にこの解説を読んでから『秘密の日記』を読むこともできるし、『秘密の日記』を読み進めながら、適宜、解説を参照することもできる。また、『秘密の日記』が秘匿され、再発見された経緯や、ウィトゲンシュタインが用いた暗号については、訳者が「テクストについて」の中でやや立ち入って論じた。興味のある向きは、そちらを参照されたい。なお、執筆は第一部を丸山が担当し、第二部を星川と石神が担当した。

二〇一六年四月

丸山空大

ウィトゲンシュタイン『秘密の日記』　目次

ウィトゲンシュタイン『秘密の日記』

——第一次世界大戦と『論理哲学論考』

ウィトゲンシュタイン『秘密の日記』

１９１４年８月９日～１９１６年８月１９日

L・ウィトゲンシュタイン
丸山空大［訳］

凡例

使用したテクストについて

翻訳に際しては、日記の写真版（以下では原テクストと呼ぶ）と電子版の遺稿集【1】に収められている標準版のテクスト（写真版をもとに暗号を解読した上で、誤字などを修正したテクスト。以下ＢＥＥと呼ぶ）、そしてヴィルヘルム・バウムによる翻刻版【2】を参照した。バウムは、非常に不鮮明な写真版をもとに校訂したようで、そのテクストには多くの誤りや判読不能とされている箇所が含まれている。しかし、現在最も入手しやすいテクストがバウムのものであることに鑑み、翻訳上明白な違いが出るような場合には、註においてバウムの判読の誤りなどを指摘した。ＢＥＥの読みは概ね正確であるように見受けられた。手稿自体にある誤記の訂正にも説得力があり、訳者も教えられるところが多かった。

下線とダッシュについて

原テクストで一重下線により強調されているテクストは一重傍線で、また、二重下線で強調されている箇所は二重傍線で、三重下線で強調されている箇所は三重傍線で強調した。また、ウィトゲンシュタインが日記中しばしば用いている、エクスクラメーションマークやピリオドを伴う長いダッシュについては、特徴的な場合を除いて、

【1】*Wittgenstein's Nachlass, Bergen Electronic Edition*, Oxford: Oxford University Press, 2000.

【2】Ludwig Wittgenstein, *Geheime Tagebücher 1914-1916*, hrsg. v. Wilhelm Baum, Wien: Turia & kant, 1991.『秘密の日記』の同じテクストがWilhelm Baum, *Wittgenstein im Ersten Weltkrieg: Die "Geheime Tagebücher" und die Erfahrungen an der Front (1914-1918)* Wien: Kitab, 2014にも収録されており、これが現在のところもっとも入手しやすいテクストである。ただし、二〇一四年のテクストは、一九九一年版のテクストからなんら改善されていないばかりか、旧版にはなかった誤植や省略が見られるなど、残念ながら質的には悪いものとなっている。

長さの如何を問わず「――」と表現した。また、文中に語句を挿入するためにダッシュが用いられている場合は、幾分短く「――」とした。

ウィトゲンシュタインは、まず右上に日付を書き、続けて本文を書いた。本訳書では縦書きにレイアウトを改め、日付を下部におき、続けてその日の日記の本文を配置した。

〔 〕は訳者による挿入である。

地名は、現在日本で刊行されている地図帳の表記を参考にしたが、初出時にはウィトゲンシュタインが用いたドイツ語での呼び名を〔 〕にカタカナで添えた。また、人名については一般的に通用している読み方を用いた。

ウィトゲンシュタインは日記中、頻繁に「神 Gott」という語を含んだ表現を用いている。彼が用いる表現の中には、慣用句として用いられるようなものも含まれているが、本訳書では原則として直訳を採用した。これは、ウィトゲンシュタインがこうした慣用表現以外にも、様々な箇所で「神」や「霊」といった語を用いていること、そして、そうした表現は事態が切迫した時に、強い思いを込めて用いられているように見えることといった理由による。

また、これと関連してウィトゲンシュタインが神に祈念する場合に用いる要求話法の翻訳について一言しておきたい。彼は、神に対して祈念する時に、「Gott möge＋動詞不定形」と「Gott＋動詞の接続法一式」という二つの異なった形を用いている。どちらも「神が～してくれますように」という要求を表わし、事実上、意味の違いはほとんどない【3】。しかし、ウィトゲンシュタインが使い分けている以上、何らかのニュアンスの違いを込めている可能性があるため、möge を伴う場合には「どうか～してくれますように」というように「どうか」を文頭につけることとする。

註などでウィトゲンシュタインの著作や伝記を引用する際には、基本的には既存の翻訳を用い、その旨を記した。特に言及していない場合は、主に文体上の都合から私訳を用いたが、その際にも既存の翻訳は大いに参考にした。

【3】「この部類〔祈願的な要求〕には話法の助動詞 mögen の第一式を添えることが多い。mögen はこの場合「推量」を表わす。例えば Er bleibe doch gesund! といえば「彼がどうかいつまでも健康であることを。」という祈願だが、これを Er möge doch gesund bleiben! と言い換えれば「彼がどうかいつまでも健康であるだろうことを。」という推量のこもった祈願になる。実際上の意味の差異は殆どないが、möge を添えた方が、やや丁寧に願望を表わすと見て差し支えない。」（橋本文夫『詳解ドイツ大文法』三修社、一九五六年、二一九頁）

第1冊

1914年8月9日〜1914年10月30日

僕の死後は次の者に送付すること
ポルディ・ウィトゲンシュタイン夫人【4】
XVII．ノイヴァルデッガー通り三八
ウィーン

次の者に送付すること
B・ラッセル閣下
トリニティ・カレッジ
ケンブリッジ
イングランド

【4】ウィトゲンシュタインの母、レオポルディーネ。

1914年8月9日

一昨日、徴兵検査にかけられ、クラクフ〔クラカウ〕の第二要塞砲兵連隊に配属された。昨日の午前中、ウィーンを発った。今日の午前中、クラクフに着く。よい気分。【5】僕の大きな書き物帳をトレンクラー【6】に預けた。はたして僕は今後仕事【7】ができるのだろうか?.?.! 来るべき生活を思うとわくわくする! ウィーンの軍当局は、信じられないくらい親切だった。彼らは、毎日何千もの人々から助言を求められるのだが、友好的で詳細な回答を与えていた。そうしたことにとても勇気づけられる。僕はイングランドでの暮らしを思い出した。

1914年8月10日

新兵として制服を着せられる。【8】僕の技術的な知識を活用できる望みは少ない。ここでうまくやっていくためには、非常に多くの快活さと哲学が必要だ。【9】今日起きた時には、突然、まったくナンセンスにも、再び学校で着席しているといったたぐいの夢の中にいるかのように思えた。僕の持ち場には言うまでもなく多くのユーモアがあり、僕はほとんど皮肉な微笑みを浮かべて最下等

【5】原テクストはGuter □□. となっており、□□. の二文字の判読が困難。これをBEEはGuter St[immung]（よい気分）と読んでいる。ただし、本日記帳の他の箇所ではこの略記は用いられていない。バウムはこれをLt. ととり、Guter Leutnant gab...（よい少尉が〔……〕預けておいてくれた）と後の文とつなげて読むが、意味的にBEEの読みのほうが自然とおもわれる。

【6】ウィトゲンシュタインの家業の事務所で秘書のような役割をしていた人物。

【7】「仕事」は、主に哲学的研究や思索を意味するが、兵士としての任務や作業を意味する場合もある。

【8】ウィトゲンシュタインの学歴や入隊への経緯からすれば、本来「一年志願兵」として階級章と特権を受ける資格があったが、検査ではこうしたことが見落とされた（マクギネス『ウィトゲンシュタイン評伝』法政大学出版局、一九九四年、三六四頁）。また、一年志願兵については本書解説中のコラム（一七〇頁）を参照。

【9】苦境を乗り切るために哲学が必要だという着想は、一九一四年一〇月

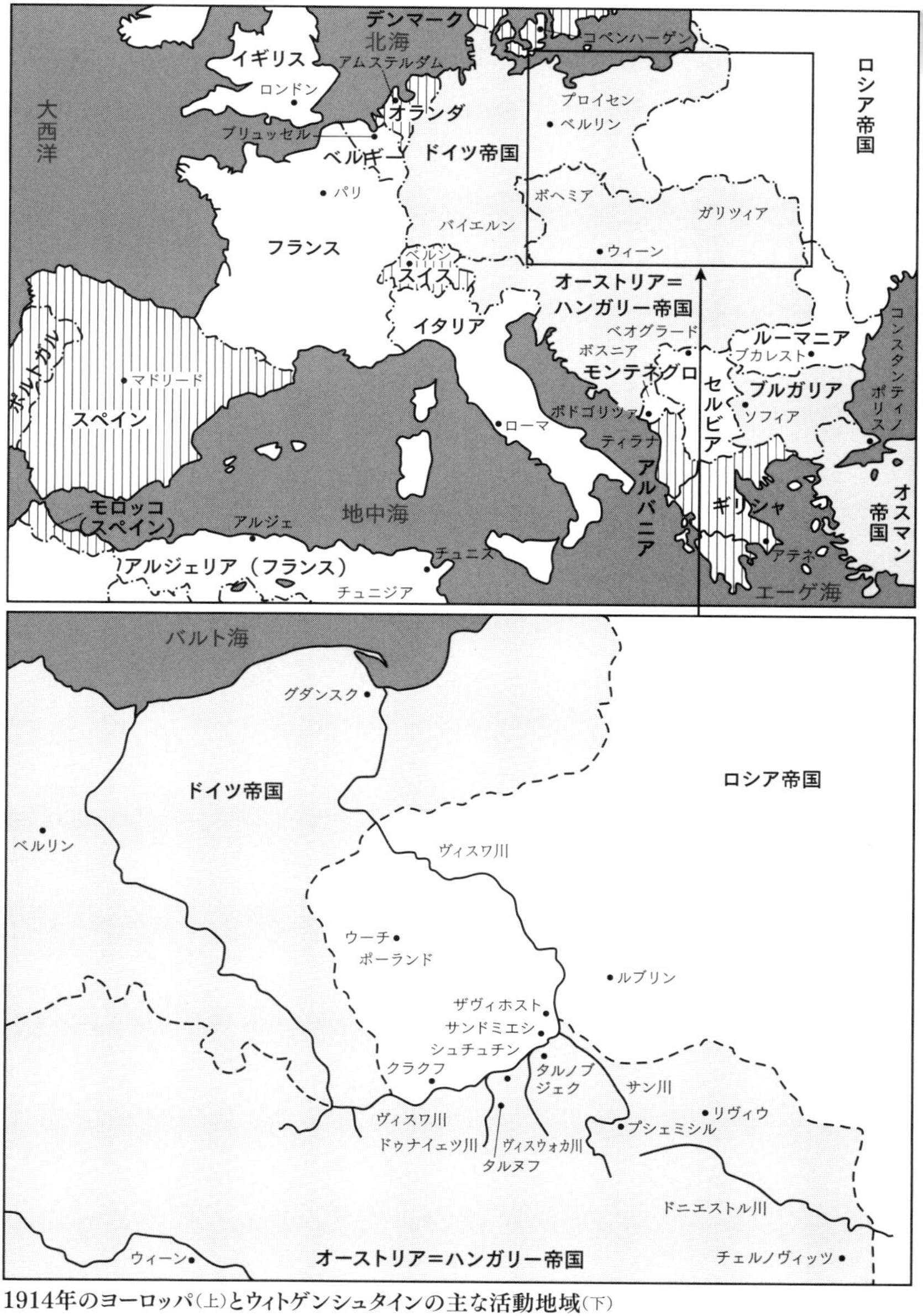

1914年のヨーロッパ（上）**とウィトゲンシュタインの主な活動地域**（下）

▢は同盟国、▥は中立国、□は連合国。

の職務をこなしている。仕事をしなかった。【10】これは、性格の耐火試験だ。というのも、良い気分と活力を失わないでいるために、本当に多くの力が必要だから。

1914年8月11日

よく眠れなかった（害虫）。部屋を掃除したあと、われわれはいくつか古い臼砲【11】があるところまで行進し、使用法を教わった。恐ろしく暑い。料理は食べられたものではない。恐らく将来、兵営の外で寝るだろう。デイヴィド【12】に手紙を書いた。かつての生【13】とつながっているという感情を失わないために、もう彼からの手紙を待ち望んでいる。まだ仕事をしていない。

1914年8月13日

一昨日は大尉のところにいった。おどおどしてしまい、彼の前で軍人然として立っていられなかった。彼はどことなく皮肉っぽく、僕には好感が持てなかった。【14】成果はゼロ。今日、僕が高等学校卒業の資格等々を持っていることが明るみに出たため、多数の一年〔志願〕兵【15】が僕を同志と呼び、志願兵としての権利を行使すべきだと責めたててきた。このことを僕は楽しんだ（It

二八日、兄パウルが大けがを負ったという知らせを受けた日の日記にもあらわれる。

【10】原語はNicht gearbeitet。日記中この形で頻繁に登場する。

【11】本書解説中のコラム（一五七頁）を参照。

【12】デイヴィド・ピンセント。イギリス人の大学時代の友達。『論理哲学論考』は彼との思い出に捧げられている。

【13】判読困難。バウムは「かつての時」と読んでいる。

【14】バウムはこの文を判読できていない。

【15】原語はEinjährige。後出の「一年志願兵」Einjährig-Freiwilligeと同じ。

bucked me up)。昨日と今日は酷いカタルで、しばしば体調不良。時おりすこし憂鬱。今日、食堂で一人の少尉に出会った。僕がそこで昼食をとっていたことが、彼の注意をひいたのだ。彼は僕に平時は何をしていたのかと感じよく問い、〔軍が〕僕を一年志願兵として入隊させなかったことに非常に驚いていた。彼はとにかく非常に親切で、僕にとって大変な慰めとなった。

1914年8月15日

とてもたくさんのことが起こり、【16】一日がまるで一週間のように長かった。昨日僕は、われわれが拿捕した、ヴィスワ川〔ヴァイクゼル川〕に停泊する艦の探照灯の操作係に任じられた。乗組員はならず者ばかりだ！〔職務に対する〕熱意はない。信じがたい粗野、暗愚、悪意！つまり、共通の重大事は人々を必ずや高貴にする、というのは真実ではないのだ。この〔共通の重大事の〕ために、最もやっかいな仕事もまた強制の任務となってしまう。驚くべきことに、人々は自分たちの仕事をわざわざ自分から厭わしい厄介事にしてしまっている。われわれがおかれた外的な状況のもとであれば、艦上での仕事は、素晴らしい幸運な時間をもたらすこともできたはずなのに、そのかわりに〔自分から労働を厭わしいものにしているのだ〕！――ここで

【16】ここまで通常の文字表記。以下暗号文でかかれる。暗号については本書第一部の「テクストについて」を参照のこと。ウィトゲンシュタインが暗号を用いて記述することに既になれているようにみえることは注目に値する。

人々と分かり合うことはきっとできないだろう（少尉のような人を除いて。彼は極めて感じのよい人間であるように見受けられる）。だから、へりくだって仕事をこなし、自分自身を絶対に、自分自身[17]を失わないように！！！すなわち、他の人々に自分をあたえようとするとき、人はいとも簡単に自分自身を失ってしまうのだ。

1914年8月16日

「ゴプラナ」[18]にて。もういちどくりかえす——これらの人間たちの暗愚、無礼、悪意は限界をしらない。一つひとつの仕事が苦痛になる。けれど、僕は今日また仕事をしたし、自分自身を〔他の人々に〕屈従させることはないだろう。今日は大好きなデイヴィドに葉書を書いた。天が彼を護り、僕に対する彼の友情を保ちますよう！　——ヴィスワ川沿いの航行[19]自体は素晴らしく、僕はいい気分だ。

aRb. aRc. bSc = aR [bSc] Def[20]

ζTη

【17】sich selbst（自分自身）を二度書いている。

【18】ウィトゲンシュタインはゴプラナ号という小艦に乗り込んで任務を行なうことになった。

【19】バウムは Nacht（夜）と読むが、Fahrt（航行）。

【20】本書第一部の「テクストについて」で説明するように、この『秘密の日記』は、邦語訳全集第一巻に収められている『草稿一九一四—一九一六』（『ウィトゲンシュタイン全集一』大修館書店、一九七五年、一—二八九頁。以下、『草稿』と呼ぶ）という哲学的なメモと同じ日記帳に書かれている。原則的には、『秘密の日記』は暗号で帳面の見開き左頁に書かれ、『草稿』は通常の文字で右頁に書かれているが、この一冊目の日記帳の冒頭ではまだこの書き分けが徹底していない。暗号の使用は、八月一五日に始まるが、九月四日までは私的な事柄も哲学的な考察も連続して書かれている。全集に収められている『草稿』には八月二二日以降の書き込みしか収録されていないため、それ以前の哲学的な書き込みについても本訳書で取り上げておく。なお、aRb は a と b が R という関係にあるという事実を指す。Def. は、等

1914年8月17日

ペテン師ども！　士官達だけは感じのよい人間で、部分的には実際、非常に上品だ。われわれは何も敷かない地面に、掛けるものも無く寝なければならない。われわれは今ロシアにいる。困難な仕事のために、僕は完全に無官能[21]になってしまった。今日はまだ仕事をしていない。G・S・[22]。甲板の上は寒すぎるし、下には人間が多すぎる。奴らは、しゃべり、叫び、悪臭を放ち、等々。

〔1914年〕8月18日

夜中の一時ころ突然起こされる。中尉が僕を呼びに来て、直ちに探照灯のところへ行くよう命じる。「服は着るな」。僕はほとんど裸でブリッジに走った。凍てつく空気。雨。僕は今死ぬのだろうと確信した。探照灯を作動させ、服を着るために戻った。それは間違いの非常呼集だった。僕は恐ろしく昂奮し、声を出して呻いた。僕は戦争の恐怖を感じた。今（晩）、もう僕は恐怖を再び乗り越えた。もし僕が現在の考えを変えることがないとすれば、僕は今後、自分の生命を全力で保とうとするだろう。

号の左辺にあらわれた記号を定義していることを示す。なお、この箇所と八月二一日における記号の意味については、詳しくは『草稿』や全集の同じ巻に付録として収録された「論理形式について」などのテクストを参照のこと。

【21】以下、sinnlich を官能的、unsinnlich を無官能と訳す。ウィトゲンシュタインはこの語を自らの性欲（ないしは性感）の有無を表現するために用いている。ウィトゲンシュタインは、性欲の問題を、心理的な欲望というよりは肉体や感官の問題として捉えており、この日記の中では、その高まりや減衰をしばしば冷めた仕方で記録している。なお、日本語で官能的というと、通常は他者の官能を惹起する様を意味するが、ここではウィトゲンシュタイン本人の官能の高まりや衰微を意味するものとする。

【22】これまでの記述から考えれば、Guter Stimmung（よい気分）を意味しそうだが、前後の文脈と合わない。

１９１４年８月２１日

少尉と僕は、折に触れて、あらゆる可能な事態について話し合った——非常に感じのよい人間である。彼は、自分自身をなんら損なうことなしに、図体の大きなごろつきどもと付き合い、友好的に振る舞うことができる。中国人が話すのを聞くとき、われわれは彼の話を分節されていないガラガラ声とみなしてしまいがちだ。中国語を解する者は、そこに言語を認識する。そういったように、僕はしばしば人間の中に人間を認識すること等々ができない。少しだけ、しかし成果なく仕事をした。

$\phi(x)$　$(x).\phi x$　$(\exists x).\phi x$

$\phi(p)$　$\phi((\zeta))$　$(\zeta\zeta)$[23]

僕の仕事はもう完全に出尽くしてしまったのか？！　悪魔のみぞ知る。もう僕はなにも思いつかないのだろうか？　僕はもう、自分の仕事の全ての概念に対して完全に〝なじみがなくなって〟しまった。僕にはまったく何も見‖

【23】「(x).φx」は、全てのxに対してφである。「(∃x).φx」は、φであるようなxが存在する。さらに詳しくは、『草稿』などを参照のこと。

えない！！！

１９１４年８月２２日

もう三日も浅瀬に停泊している。頻繁な中断を挟みながら仕事をするも、これまでのところまったく成果なし。依然として、確固としたところに辿り着くことができない。全ては靄になって消え失せてしまう。あんまりだ！！！

１９１４年８月２５日

昨日は恐ろしく酷い日だった。晩、探照灯が作動しようとしなかった。僕が点検しようとしたとき、兵員からの呼び声、喚き声等々によって妨げられた。僕が探照灯をもっと詳しく点検しようとしたら、小隊長がそれを僕の手から取りのけた。僕はもうこれ以上書けない。ぞっとした。一つ分かったこと——全兵員の中にまともな奴は一人としていない。しかし、僕はこの全ての人々に対してこの先どう応じていけばいいのか？　単に耐えるべきなのか？　それなら僕がそうしたくないときどうする？　その時は、僕は長く続く戦いの中に生きなくてはならなくなるだろう。どちらが良いのか？　第二の場合には、僕は確実に自分自身をすり減らしてしまうだろう。第一の場合であれば、恐らく〔自分をすり減らすようなことには〕ならないだろう。今や、僕にとって途方もなく困難な時が来るだろう。というのも、事実いま僕は、かつてリンツで学校に通っていた時と同じくらい、〔敵に〕売り渡され、見殺しにされているのだから。ただ一つのことだけが必要だ。[24] 自分に起こるすべてのことを観察することができるということ。集中せよ〔自分自身を集めよ〕[25]！　神が僕を助けますように！

1914年8月26日

昨日僕は、反抗しないことを心に決めた。僕の内面を邪魔させないようにするために、僕の外面をいうなればまったく軽微なものとするのだ。

1914年8月29日

毎夜、午前三時半頃まで、僕は〔ゴプラナ号の〕ブリッジに立つ。完全に受動的になるという決心を、僕はまだきちんと実行していない。戦友たちの下劣さは、僕にとっては依然としてぞっとするほど酷い。しかし、ただ自分自身のもとにあり続けること！　毎日いくらか仕事をしているが、まだきちんとした成果はない。いくつかのことは既に形をとりはじめているが。

【24】「マルタ、マルタ、あなたは多くのことに思い悩み、心を乱している。しかし、必要なことはただ一つだけである。マリアは良い方を選んだ。それを取り上げてはならない」（ルカによる福音書」一〇章四一－四二節、引用は新共同訳による）。この表現はこの後も何度か登場することから、この聖句がこの時期のウィトゲンシュタインにとって重要であったことが推察される。マクギネス、前掲書、三八八頁参照。

【25】原語は sich sammeln。慣用句としての意味は、集中すること、心を凝らすこと。以下本訳書では、この語に限らず再帰代名詞が用いられる場合には、極度に不自然にならない範囲で、再帰的な用法であることを強調する訳を採用する。本書第一部の「テクストについて」に記したように、ウィトゲンシュタインにとって自己自身の探求と確保が大きな問題となっているからである。

1914年9月2日

昨日を除いて毎夜、探照灯で〔の任務〕。昼間に眠る。戦友たちの悪意からより遠くはなれていられる点で、この任務は僕にとっては快適だ。われわれはここで昨日、もう五日にもわたって続いているという途方もない戦闘について聞いた。それが〔最終的な〕決戦であったらいいのだが！　昨日、この三週間ではじめて自慰した。ほとんど完全に無官能である。以前はよく、僕は友人との会話を思いうかべたものだが、いまはこのようなことはほとんど起こらない。毎日、ごくわずかに仕事をするが、あまりにも疲れ、気が散っている。昨日、トルストイによる福音書への註解[26]を読み始めた。素晴らしい作品だ。しかし、それはまだ僕にとって、僕がそこに期待したほどのものではない。

1914年9月3日

昨日、仕事をした。完全に成果なしというわけではない。トルストイを読み、得るものが多かった。

【26】『要約福音書』として知られるトルストイの著作。バウムはこの箇所（Erläuterungen zu Evangelien）を引用符で囲い書名として解しているが、原テクストには引用符などはないので、これを書名ととる必要はない。ちなみに当時、この書には少なくとも二つのドイツ語訳が存在したことが知られているが、ウィトゲンシュタインはレクラム文庫版（Leo Tolstoi, *Kurze Darlegung des Evangelium*, Aus dem Russischen von Paul Lauterbach, Leipzig: Reclam, 1892.）を読んでいたと考えられている。

1914年9月4日

まずまず！ ――ただ気力さえあれば！ ――たくさん仕事をする。【27】

1914年9月5日

大きな発見への途上にある。しかし、僕はそこまで到達できるのだろうか?! 以前よりは官能的。今日再び自慰した。外は凍てつき、嵐のようだ。床に敷いた藁の上に横たわり、小さな木製の鞄〔価格は二クローネ五〇〔ヘラー〕〕の上で書いたり読んだりしている。

1914年9月6日

大部分の戦友に相変わらず苦しめられる。僕は依然としてそれに対して、満足の行くような対応策を見出していない。完全な受動性へは、僕はまだ決断できないでいる。そして恐らく、それ〔他の人々と関わり合ってしまうこと〕は愚行【28】なのだ。というのも僕はこうしたすべての人間に対して無力なのだから。僕が自分自身を護ろうと抵抗するとき、僕は無益に自分をすり減らす。

【27】 バウムはこの九月四日の書き込みを見逃している。ここから日記帳の左右の頁の書き分けが始まる。前註【20】および本書第一部の「テクストについて」を参照。

【28】 バウムは Bosheit（悪意）と読んでいるが原テクストは Torheit（愚行）。

1914年9月8日

今朝、リヴィウ〔レンベルク〕がロシア軍によって占領されたと知らされた。今僕は、われわれがそこへと向かっていることを知っている！　この四日間はとても明るい夜だったため、[29]夜間の任務がなかった。毎日たくさん仕事をし、たくさんトルストイの福音書への註解を読んでいる。

1914年9月10日

なすべきことがたくさんある。それにもかかわらずかなり仕事をした。はっきりとした成果はないが、なんら希望を持てない気分というわけではない。

1914年9月12日

〔戦況に関する〕知らせはますます悪くなる。今晩は、緊急配備になるだろう。僕は毎日、多少なりとも仕事をしていて、かなり確信を持っている。僕は心の中で何度も、自分に向ってトルストイの言葉を繰り返し言い聞かせている。「人間は肉において無力だが、霊[30]を通して自由だ」[31]。どうか、僕の中に霊がありますように！　午後、少尉が近辺で砲声を聞いた。僕は非常に昂奮

【29】ウィトゲンシュタインがこの時期従軍していたのは、主に北緯五〇度地帯である。季節を考えても、ここでいわれる「明るい夜」は月夜のことであろう。

【30】Geistは、精神、正常な判断力、思考力、心、心霊などを意味する極めて多義的な言葉であるが、本訳書では原則的にキリスト教の聖霊の意味をこめて「霊」と訳した。というのも、ウィトゲンシュタインは、「神」に対するのと同じようにこのGeistに対して祈ったり、呼びかけたりしているからである。ただし、以下の訳文では、彼が自らの中にある精神についても語っているように読める箇所に関しては、「精神」という訳語を添えた。なお、トルストイの『要約福音書』では、霊は一貫して、神から各人に与えられた神と人との紐帯として理解されている。これに対し、ウィトゲンシュタインは、自らと霊を同一視するようなこともあれば（一九一四年一〇月一三日）、自らが霊に見放されていると感じることもあった（同九月二二日など）。彼にとって霊は近づいて自分の中に入ったり、離れて彼を見捨てたりするものであったようだ。

【31】トルストイ『要約福音書』第一章の章題にこの句が添えられている。

した。恐らくわれわれは非常呼集をかけられるだろう。銃撃戦になったら僕はどのように振る舞うのだろうか？　僕は、自分が射殺されることを恐れはしないが、自らの義務をきちんと果たすことができないことを恐れる。神が僕に力を与えてくれますように！　アーメン。アーメン。アーメン。

１９１４年９月１３日

今日、早朝、われわれは全ての積載物をおいたまま艦を離れた。ロシア軍はわれわれを追い詰めている。恐ろしい場面を共に体験した。もう三〇時間寝ていない。自分が非常に弱々しく感じ、いかなる外的な希望も見出すことができない。もし、今、死んでしまうのなら、どうか、自分自身を忘れずに、良い死に方をしたい。どうか僕が、自分を自分自身を[32]失うことがありませんように！

１９１４年９月１５日

一昨日の夜の恐ろしい場面とは――ほとんど全ての人々が泥酔していた。ドゥナイイェッツ川を航行してきたゴプラナ号に、昨日再び戻った。昨日と一昨日は仕事をしなかった。試してみたが無駄であった。そうした〔学問上の〕事

【32】原テクストは目的語を二度繰り返している。

柄の全体が僕の頭にとってよそよそしかった。ロシア軍はわれわれを追い詰めている。われわれは敵のごく間近にいる。僕はよい気分だ。再び仕事をした。今は、ジャガイモの皮をむいている間、一番よく仕事をすることができる。僕はいつもその作業に志願する。僕にとってそれは、スピノザにとってのレンズ磨き【33】と同じことなのだ。少尉とは、以前よりもずっと冷淡に接している。しかし、ただ気力さえあれば！　創造的精神が、見捨てることのない者【34】――――――！　神は僕とともに！【35】　今、僕に、まともな人間になるための機会が与えられているのかもしれない。というのも、僕は、死と目と目を合わせて対峙するのだから。どうか、霊が僕を照らしてくれますように！

１９１４年９月１６日

夜は穏やかに過ぎた。午前中、激しい砲撃と銃撃が聞こえた。われわれは、十中八九、逃れる余地なく破滅する。霊はまだ僕のもとにある。しかし外的な窮地に、霊は僕を見捨てはしないだろうか？　僕は希望を持たない！　いまは、自制し、勇敢であること！　（午後九時）突然の大雨。人間は肉において無力であり、そして、【36】霊を通して自由である。そう、ただ、霊を通して。

【33】スピノザは哲学的思索の傍ら、レンズ磨きを行なっていた。職人として生計を立てるためにこれを行なっていたとする説もあるが、当時の科学者は光学研究のためにこぞって良質のレンズを求めていたことから、スピノザの場合も学術的関心からこれを行なっていたとする説も有力である。

【34】ゲーテに"Wen du nicht verlässest, Genius（創造的精神よ、汝が見捨てることなきものは）"から始まる「さすらい人の嵐の歌」(Wanderers Sturmlied) という詩があり、リヒャルト・シュトラウスがこれに曲をつけている。

【35】原文はGott mit mir! ウィトゲンシュタインは以下の日記でいくつかの類似した表現を用いており、それぞれ（ ）に示すように訳し分けた。Gott ist mit mir.（神は僕とともにいる） Gott sei mit mir.（神が僕とともにいますよう）意味する内容は非常に近いと考えられるが、動詞sein（ある、いる、である）の有無や直説法と接続法の区別の中に、彼がこうした言葉に込めたちょっとした気持ちの違いを見ることができるかと考え、訳し分けることにした。

【36】九月一二日の日記では逆接で結

ほとんど仕事をしなかった。[37]

1914年9月17日

今夜もまた穏やかに過ぎた。歩哨[38]に立った。われわれはヴィスワ川をクラクフに向けて航行してゆかなければならない。国境は完全にコサック兵によって占拠されているだろう。だからこそ、われわれは恐らくそこに向かうことになるのだ。ただ一つのことだけが必要だ！ 昨日の朝、少尉は艦を離れ、今日の昼になってもまだ戻ってきていない。われわれが何をすべきなのか誰も知らず、食糧の買い出しに行くための金すら不足している。しかし、僕は依然として上機嫌であり、望むらくは、そうあり続けたい。どのようにしたら自分自身をしっかりと保っていることができるのかということについて、何度も考えている。

1914年9月18日

恐ろしいほど昂揚させられる夜。〔探照灯で〕照射しなければならず、しかも常に、探照灯が消えてしまうのではないかと恐れていなければならなかった。われわれは極めて危険な持ち場にあった。もし光が消えて、何かが起こ

ばれていたがここでは順接で結ばれている。

【37】バウムは Nachts（夜）としているが Fast（ほとんど）。

【38】見張りのこと。敵軍からの夜襲に備えるために、夜間の歩哨は非常に重要な任務であった。ウィトゲンシュタインは後に、歩哨任務に際して自らの視力に問題を感じ、眼科医を訪ねている（一九一四年一一月二〇日）。

っていたら、僕に全ての責任が降りかかってきたことだろう。その後、間違いの非常呼集。僕は完全な平静を保っていたのだが、小隊長が少尉のところで、あたかも僕が臆病であったかのように中傷しようとするのを耳にした。このことは、僕を恐ろしく昂奮させた。一時から三時まで歩哨に立つ。非常にわずかしか眠らなかった。昨日は仕事をしなかった。悪に対して自ら抗わないということは[39]、限りなく困難だ。空っぽの胃袋と睡眠不足では、霊に仕えることは困難だ。しかし、それができないのなら、僕は一体何であるというのか。上官達は粗暴で暗愚、戦友は暗愚で粗暴（ごくわずかの例外を除いて）。ガレー船[40]とともにクラクフへ航行する途上〔にある〕。一日は穏やかに、まずまず快適に過ぎた。いくらか仕事をした。――

1914年9月19日

クラクフに向かう。昨晩は、作業中の艦を一一時まで照らさなければならなかった。夜に入り、非常に寒い。われわれは軍靴を履いたまま眠らなければならなかった。よく眠れなかった。もう四日も僕は自分の軍服や軍靴を脱いでいない。しかし、そんなことを気にしていてはいけない。――クラクフで僕に何が起こるのか、恐れずにはいられない。そのことについて自ら心配

【39】バウムはここで否定辞の nicht を読み違え、immerzu（常に）としている。

【40】原テクストでは Galären となっており、これをBEEは Galeeren（ガレー船）と読んでいる。当時、簡易型の帆を積んだ資材運搬用の平底船をこのように呼んでいた。

すべきでないということはわかっているが、僕はとても疲れているため、あらゆる緊張状態を恐れてしまう。——[41]——！

１９１４年９月２０日

くりかえすが——人々の悪意に対して自ら抗わないということは、限りなく困難だ。というのも、人間の悪意は、そのつど、人に傷を与えるのだから。

——

ロシア軍は国境から遠くまで駆逐されていたので、われわれは、これまでのところ〔ロシア軍に〕悩まされていない。

１９１４年９月２１日

今朝、クラクフに到着した。夜間ずっと、〔探照灯の〕反射板のところで任務に就いた。昨日はたくさん仕事をしたが、適切な展望が欠けていたので、あまり希望をもてなかった。昨日、われわれの小隊長と短い話し合いを行なった。それによって、少しではあるが、空気がよくなった。今日はなんだか気分が良くない。あまりにも頻繁な昂奮状態〔同僚に対し立腹せざるを得ない状況〕にもう疲れた！　ウィーンについては何も情報がない！　今日僕は、

【41】ウィトゲンシュタインはしばしば、文中で内容を区切る場合だけでなく、一つの書付の終わりに長いダッシュを引いている。それはしばしば、エクスクラメーションマーク（ここでの場合がそうである）やピリオドを伴う。また、いくつかの長いダッシュが連続して書かれているケースもある。こうしたことから、彼が（全ての場合ではないにしろ）なんらかの省略記号としてこうしたダッシュを用いたことが推測される。

母さんが八月二〇日に書いた葉書を受け取った。夕方、われわれの指揮官であった少尉が転任させられたという、打ちひしがれるような知らせを受けた。この知らせは僕を深く憂鬱にした。自分がどうしようもなく打ちひしがれてしまう原因については、自分でも正確には説明することができない。[42] しかし、とにかく深く悲しい。僕は確かに霊を通して自由だが、しかし、霊は僕を見放した！　夕方、まだいくらか仕事をすることができた。そのあとでは、いくらかましに感じた。——————。

１９１４年９月２２日

午前中、〔調達用の資〕金を受け取るために兵営の大尉のところへ〔行った〕。彼は、僕に一年〔志願〕兵の縞の徽章を縫い付けさせるべきだといった。多くの物を調達し、艦に戻った。艦では縞の徽章は人目をひいた。たくさんの葉書や手紙を受け取った。中にはフィッカー[43]やヨレス[44]からの手紙も。仕事はしなかった。——————。

１９１４年９月２３日

いくらか仕事をした。

【42】このあたり、バウムはいくつかの語の判読を誤っている。

【43】ルートヴィヒ・フィッカー。ウィトゲンシュタインの友人。芸術に造詣が深く、ウィトゲンシュタインが同時代のオーストリアの芸術家を金銭的に支援しようと企てた時に知り合った。

【44】スタニスラウス・ヨレス夫妻。ベルリン時代、ウィトゲンシュタインはこのヨレス教授夫妻のもとで暮らしていた。

１９１４年９月２４日

相当たくさん仕事をしたが、ほとんど希望がもてない。午後市街へ。

１９１４年９月２５日

相当たくさん仕事をしたが、ほんものの確信はない。僕には、なお、展望が欠けており、そのために問題を見渡すことができない。

１９１４年９月２７日

昨日は相当仕事をしたが、相応しい成果はなし。ここ何日かのあいだは、再びいくらか官能的になっている。家に電報を打ち、便りをよこすよう頼んだ。

１９１４年９月２８日

いくらか仕事をした。〔ロシア軍による〕クラクフの攻囲が予期されている。もしそれが起こるなら、さらにつらい時間がわれわれの前に立ちはだかることになる。どうか、霊が僕に力を贈ってくれますように！

1914年9月29日

今朝、赤痢を患った伍長を病院に連れていった。ここにきて、たくさん赤痢の患者が現われている。僕はこの戦争でこうした全てのことを体験しなければならないだろうということを考えるとき、妙な気持ちになる。仕事をしたが、成果はなかった。僕はまだ、はっきりと見通しておらず、展望[45]も持っていない。僕は一つひとつの細部を、それらがどのように全体へとはまり込んでゆくのか知ることなしに、見ている。このため、僕は一つひとつの新しい問題を重荷に感じてもいる。明確な展望は、一つひとつの問題が主要な問題であることを、そして、そのときには、いくつもの主要な問いが織りなす景色はぼやけるのではなく、むしろ際立つということを示すに違いないのだが[46]。晩に仕事をした。成果はなくはない。気力さえあれば！——

1914年9月30日

今日の夜、体調の悪さを感じ始めた。（胃と頭）。汝〔神〕の意志[47]が行なわれますように。

【45】全ての問題を一度に見通すことができるような「展望」Überblick を求めている。ちなみに、この頃の『草稿』の書き込みにおいて、ウィトゲンシュタインの写像理論、ないしは命題画像説などと通称される思想が着想された。

【46】このあたりは全体的に油染みがひどく、バウムは多くの語を判読不能としている。

【47】「神の意志」は「御心〔みこころ〕」と訳されることが多い。実際、本訳書でも「御心」と訳したほうが日本語として自然な場合が多いが、あえて直訳調に「意志」と訳した。これは、ウィトゲンシュタインが、我意（つまり「自分の意志」）と神意（つまり「神の意志」）の対比を様々なところで強調しているからである。また、この我意と神意の対比の強調が、トルストイの『要約福音書』第五章「真の生」の主題であることも付記しておきたい。この章では、我意ではなく、神意に即して生きることこそが真の生であるということが繰り返し述べられている。

1914年10月1日

昨日はとても体調が悪く感じられたため、午前中から体を横たえ、そのまま一日中寝ていなければならなかった。相当たくさん仕事をしたが、成果はなし。明日、われわれは、この艦を離れなければならないらしい。僕はこの先自分に何が起こるのか知りたい。——!

1914年10月2日

相当たくさん仕事をした。成果は、完全にないというわけではない。僕にこの先何が起こるのか、僕は艦上にのこるのか、そうでないのか等々については、依然として未決定である。

1914年10月3日

今日、四名を除いて——その中には僕〔も含まれる〕——この艦の古参の兵員は全員艦を離れるべし、との決定がなされた。この決定は僕にとって不都合なものではない。家からの荷箱を受け取った。その中には、あたたかい肌着類、紅茶、焼き菓子、チョコレートが入っていた。あたかも、愛しい母さんが送ってくれたかのようだ。しかし、便りはなし！　母さんは死んでしまったのか？　だから、誰も僕に便りをくれないのか？　ほとんど仕事はしなかった。

1914年10月4日

昨日の晩、さらにいくらか仕事をした。今日、母さんが先月の九日に僕に宛てて書いた葉書を受け取った。何も重大なことは書いていない。僕の仕事は、短い間の好調の後、再び行き詰ってしまった。相当たくさん仕事をしたが、希望はない。これから何日か、われわれは再びロシアに向けて航行しなければならない。われわれの新しい指揮官の中尉だが、僕はまだ少ししか彼と会っていないものの、どうもあまり好きになれない。

1914年10月5日

今日、ノルウェーを経由してここの連隊司令部に届いた、ケインズ[48]からの手紙を受け取った。彼は、ジョンソンの〔奨学〕金[49]が戦争の後どうなるのかを僕に問い合わせるためだけに手紙を書いてきている。この手紙に僕の胸は痛んだ。というのも、かつて仲良くしていた相手から事務的な手紙をもらうと

【48】ジョン・メイナード・ケインズ。ウィトゲンシュタインのケンブリッジでの友人。

【49】ウィリアム・アーネスト・ジョンソン。ケンブリッジ大学の論理学者。ウィトゲンシュタインは彼に年二〇〇ポンドの奨学金を寄付していた。マクギネス、前掲書、一六五頁を参照。

いうことは、痛ましいことだからだ。それも、このような時節に。――たった今、僕は今月一日付の母さんからの葉書を受け取った。無事平穏！　それだけだ！　――。ここ数日、しばしばラッセルのことを考えた。はたして彼もまだ僕のことを考えているだろうか？　しかしそれにしても、われわれの出会いは奇妙だった！　外的な境遇が良い時には、われわれは肉の無力についてなど考えない。しかし、危急の時に思考すると、肉の無力が意識されるようになる。そして、人は自分自身を霊へと向ける。――。

1914年10月6日

昨日は相当たくさん仕事をした。人間は偶然に依存してはならない。好都合な偶然であろうと、不都合な偶然であろうと。昨日、艦に新たな指揮官が来た。――今、彼ら〔軍の司令部〕は、照明部隊から艦に人をよこしてきていて、これらの人々は〔探照灯の〕反射板のところでぶらぶら作業している。気をもむな！！　たった今、ロシアに向けて出航するという命令が来た。つまり、また、容易ならない状況になるだろう。神は僕とともに。

1914年10月7日

夜通し、ロシアに向かって航行した。ほとんど眠らずに、探照灯での任務等々。われわれはまもなく前線にでるはずだ。霊は僕とともに。シュチュチンにいる。ロシア軍はまだ〔ここから〕八〇キロメートル離れたところにいると聞いているが、この近くで既に何かが起こっている兆候がある。われわれは今、ヴィスウォカ川〔とヴィスワ川と〕の合流地点にいる（晩）[50]。凍てつくほど寒く感じられる——内側から。僕はあるはっきりとした感情を抱いている。すなわち、ごたごたが始まる前に思う存分眠ることができたなら。——！　体調はいくらかまし。少ししか仕事をしなかった。僕は、単に自分の義務だからというだけの理由で自らの義務をこなしてしまい、人間としての僕の全てを霊的な生のために残しておきたいのだが、そのやり方がわからない。僕は一時間のうちに死ぬかもしれない、二時間のうちに死ぬかもしれない、一か月のうちに死ぬかもしれない、あるいは数年たってようやく〔死ぬかもしれない〕。僕はそれを知ることができないし、そのために、あるいはそれに抗して何かできるわけでもない。この生はそんなものだ。それでは、僕は一つひとつの瞬間存続してゆくために、どのように生きなければい

【50】バウムの版ではこの文は欠けている。

けないのだろうか？　生が自ら終わる時まで、善きものと美しきものの中で生きること〔こそ大切だ〕。

1914年10月8日

さらにサンドミエシに向かって航行している。夜は穏やかだった。僕は非常に疲れていてぐっすり眠った。今は、タルノブジェクにおり、一時間半後にサンドミエシに向かって出航する。疲れていて寒い時には、残念ながら、僕はありのままの生に耐える気力をすぐに失ってしまう。しかし、僕はそれを失わないように努めている。――――。肉体的に調子のよい時間というのは恩寵である。

1914年10月9日

穏やかな夜。遠くで絶え間ないカノン砲[51]の轟音。依然として、タルノブジェクにいる。この近くで明らかに途方もない戦闘が行なわれている。というのも、既に一二時間以上にわたって絶え間なく大砲の轟音がきこえるのだから。新しく補充された兵員は、古い兵員より随分ましだ（より感じがいいし、まともだ）。命令――総員、武装して甲板に出よ。神は僕とともに！

【51】砲の種類については本書解説中のコラム（一五七頁以下）を参照。

サンドミエシに向かって航行した。われわれは持続的で激しい大砲の轟音を聞き、榴弾が炸裂するのをみる。僕は非常に気分がいい。――――！

一日中極めて激しい連続砲撃。たくさん仕事をした。少なくとも、一つの根本的な考えがまだ欠けている。――――。

１９１４年１０月１０日

穏やかな夜。朝、再び連続砲撃が始まる。これからさらにザヴィホストに向かわなければならない。ナドブジェジェ【52】に停留する。僕は、われわれの指揮官の船室の壁に張り付いて床につき、小隊長と指揮官との会話を盗み聞きした。われわれは、ドイツ軍のヴィスワ川渡河の手助けをしなければならない。銃撃だけで、砲撃が無いことを期待しなければならないと指揮官はいった。たくさん仕事をした。しかし、前向きな成果はない。あたかも、ある考えがほとんどのど元まで出かかっているかのように思われる。――――！

１９１４年１０月１１日

穏やかな夜。――――トルストイの『要約福音書』をお守りのように常に携帯

【52】サンドミエシ市街の対岸。

している。僕は再び、われわれの指揮官と別の艦の指揮官との会話を盗み聞きした。今日は、われわれはここナドブジェジェにとどまり、恐らく明日になってから下ってゆくことになる。たった今僕は、アントウェルペンが陥落したという知らせを聞き取った！　そして、どこかしらで、われわれの軍勢が大きな戦闘に勝利した、と。今僕が、考えたり書いたりすることができるということによって享受している恩寵は、筆舌に尽くしがたい。僕は、外的な生の諸困難に対する無関心を手に入れなければならない。今夜、部隊と物資を陸揚げするために、ザヴィホストに向けて航行しなければならない。〔つまり〕われわれは、ロシアの陣地のすぐそばを通過しなければならない。神は僕とともに。――――。

1914年10月12日

ザヴィホストへは向かわなかった。穏やかな夜。再び聞き耳を立てる。一人の中尉と二人の少尉がわれわれの指揮官と共にいる。彼らは、これから何をなすかまだはっきりとは知らない。しかし、われわれがザヴィホストへ向かって航行するというのは確からしい。見知らぬ中尉は非常に功名心が強く、是が非でも、われわれが前線へと行くことを望んでいる。――――僕の中で、外的な運命に対して無関心でいることができた時期が過ぎ去り、意志を無くして一つひとつの任意の命令を遂行していくことに倦み、再び外的な自由と平穏を焦がれる時期へと変わりつつある。最も近い将来について、まったくはっきりとしない！　端的にいえば、ただひたすらに現在の中に、そして霊のために生きるということができない時期が存在するのだ。生の良き時間を、人は恩寵として感謝しながら享受しなければならないし、その他の時は生に対して無関心であるのがよい。今日は、長時間憂鬱と戦った後、時間がたってから再び自慰し、最後に上記の文章を書いた。たった今聞いたのだが、われわれは今夜、昨日のために計画された作戦を遂行する。われわれがクラクフに向かうということについては、まだまったく話題になっていない！　つまり今夜！　――――！　われわれは速射砲と機関銃を撃つことになるだろう。[53]聞いたところでは、命中させることよりは騒音を出すことを目的として。僕はまた、事態は危険になってゆくだろうと読む。もし、僕が探照灯で照らさなければならなくなれば、確実に僕は終わりだ。しかし、それは何でもない。というのも、為すべきことはただ一つだからだ！　一時間のうちにわれわれは出航する。神は僕とともにいる！

【53】機関銃については本書解説中のコラム（一九一頁以下）を参照。

1914年10月13日

〔午後〕一一時半頃、命令が来た。われわれはザヴィホストへは向かわない、少なくともまだすぐには向かわない。このため、穏やかな夜。たった今、われわれの小艦が直ちにヴィスワ川を下ってゆくという命令を受けたと聞く。――――。われわれはもう航行している。僕は霊だ、それゆえに僕は自由だ。われわれはロピザ[54]にとどまっている。榴弾がわれわれの上を飛んでゆき、ピユーピユー音を立てる。ナドブジェジェまで戻ったあと、今、新たな命令により再び同じ場所へ向かう。午後いっぱい、極めて激しい砲撃。僕は終始これまでにないほど気分がよく、轟音によってほとんど酔い心地であった。晩、サンドミエシに向けて航行した。そこでわれわれは一夜とどまらねばならない。――――。たくさん仕事をした。――――。

【54】Lopiza。地名と思われるが詳細は不明。ヴィスワ川とサン川の合流地点にLapizowという地名が見えるので、あるいはそのことか。

1914年10月14日

穏やかな夜。晩までサンドミエシに停泊した。おそらく、今夜もまだここに停泊するだろう。非常にたくさん仕事をしたが、展望を得ることが再び困難になっているため、あまり満足はしていない。――――。

1914年10月15日

穏やかな夜。今は一〇日に一度くらいの割合で自慰している。体を動かす仕事は少ししかしていないが、その代わり精神的な仕事を多くした。九時ころ眠りにつき、六時ころ起きる。今の指揮官とはほとんど何もしゃべっていない。とはいえもちろん、彼があまりにもひどいというわけではない。一日中サンドミエシに停泊した。今夜もまたここにとどまるだろう。非常にたくさん仕事をし、確信もなくはない。僕にはほとんど、解決の直前に立っているかのように思われる。——。

1914年10月16日

朝八時ころ、大砲を取りに行くために、シュチュチンへ向けて航行した。

1914年10月17日

昨日は非常にたくさん仕事をした。〔学問上の〕結び目がどんどん集まってきたが、解決を見出すことはなかった。われわれは晩のうちはバラヌフにとどまり、今、午後六時ころだがシュチュチンに向けて航行する。——はたして救済をもたらすような思想【55】は僕に訪れるのだろうか？　はたしてそのようなものは訪れるのだろうか？？！！　――昨日と今日は自慰した。――晩、シュチュチンに到着した。われわれは今夜の間、ここにとどまるだろう。非常にたくさん仕事をした。僕はそれによっていくらか疲労した。非常にたくさん〔学問的考察の〕素材を積み上げたが、それを秩序付けることができない。しかし、素材のこのような殺到を僕はよい兆候と捉える。仕事という恩寵がいかに大きいか、忘れるな！　――。

1914年10月18日

午前中、買い出しに行く。昼ころ、タルノブジェクに向かって出航した。午後五時、タルノブジェク〔につく〕。少ししか仕事をしなかった。夕方ころ、士官たちが視察するために艦にきた。そのうちの一人が、僕の志願兵の徽章に気が付き、彼と会話する運びとなった。われわれは、一時間以上互いにとてもくつろいで話した。彼は極めて親切で、愚かではなかった。彼は、僕に「君」〔つまり、親称の二人称代名詞 Du を用いて話すことを〕を提案し、僕はこれに喜んだ。少ししか仕事をしなかった。しかし、それがなんだというのか！　――夜のあいだ、タルノブジェクにとどまる。――。

【55】原語は der erlösende Gedanke。後には das erlösende Wort（救済をもたらす言葉）という語も登場する。後註【76】参照。

1914年10月19日

早朝、サンドミエシに向けて出航し、現在、われわれはそこにいる。夜、再び自慰した（半ば夢の中で）。このようなことは、僕が少ししか、いや、ほとんどまったく運動しないために起こる。午後、再びタルノブジェクに向かって出航した。昨日以来、消化に関してあまり調子が良くない。――問題の解決は、のど元まで出かかっている！ ――夕方ころ、再びサンドミエシに向かう。あまり体調が良いと感じられず、どうにも生きる喜びが持てない。――！ 非常にたくさん仕事をした。――

1914年10月20日

〔体調が〕優れない。非常にたくさん仕事をした。午後は、体調がいくらかよい。けれど、どうにも幸福ではない。デイヴィドのことを想う。せめて彼に手紙を書くことだけでもできたなら。とはいえしかし、僕の霊〔精神〕は僕の中で、憂鬱に対抗して語りかけてくれる。神は僕とともに。――。

１９１４年１０月２１日

われわれはまたクラクフまで航行しなければならない、と噂されている。そうなっても、僕には不都合はないだろう。――――。一日中、ここサンドミエシに停泊する。非常にたくさん、確信をもって仕事をした。晩、やや疲れた。この状態にある時、僕は本当に憂鬱になりやすい。しかし、ただ気力さえあれば！――――。

１９１４年１０月２２日

〔小規模な〕交戦が、この近くで続いている。昨日、激しい連続砲撃。たくさん仕事をした。一日中、立ちっぱなしだった。――――。

１９１４年１０月２３日

今、午前中、タルノブジェクに向けて航行している。非常に熱心に仕事をするが、まだ成果はなし。晩、再びサンドミエシに。非常にたくさん仕事をした。たくさんデイヴィドのことを思う。僕はもう一度彼に会えるのだろうか？――――！――――。

よく眠れなかった。（あまりにも少ししか運動していない！）われわれの指揮官は、凡庸だ。尊大で、不親切で、一人ひとりを彼の召使いのように扱う。午後、タルノブジェクへ。われわれは、今夜ここにとどまる。非常にたくさん仕事をした。確かに、まだ成果はないのだが、かなり確信を持っている。僕はいま、僕の〔学問的〕問題を攻囲している。――――。

１９１４年１０月２４日

朝、サンドミエシに向かう。昨日の晩、パリ陥落というナンセンスな知らせがわれわれに届いた。それはそうと、この知らせがあり得ないということに思い至るまで、はじめのうち僕はまた喜んでしまった。このようなあり得もしない知らせというものは、いつでも悪い徴候だ。何かわれわれにとって望ましいことが本当に起こっているのなら、まさにそれこそが報告されているはずで、だれも〔虚偽の戦況を知らせるなどという〕馬鹿げたことは思いつかないはずだからだ。そのために今日はいつにもまして、われわれ――ドイツ人種――の状況の、恐るべき悲哀を感じる！！　というのも、われわれが

１９１４年１０月２５日

イングランドに伍することはできないということは、僕にはほとんど確かなように見えるからだ。イングランド人たち——世界最良の人種——は敗北するはずがないのだ！　われわれはしかし、敗北することがあり得るし、〔実際〕敗北するだろう。今年でなかったとしたら、来年には！　われわれの人種が打ち負かされるだろうという考えは、僕を恐ろしいほど憂鬱にさせる。というのも、僕は完全にドイツ人なのだから！

突然ロシア軍の銃撃によって[56]

神は僕とともに！　——ロシアの飛行機に違いなかった。————。

非常にたくさん仕事をした。夜の間はタルノブジェクに停泊し、翌朝シュチュチンに向かって航行する。昼ころ、僕の憂鬱状態はなくなった。——。

1914年10月26日

朝、シュチュチンに向かう。一日中、航行する。頭が痛み、疲れている。それにもかかわらず、たくさん仕事をした。——。

1914年10月27日

朝、シュチュチンへ向かってさらに航行した。非常にたくさん仕事をした。

【56】文章はここでとぎれている。

今夜、僕は歩哨任務がある。——。

1914年10月28日

午前と午後、非常に大きな疲労感のために、ほとんど仕事をすることができない。夜はほとんど眠ることができなかった。兵員の大部分は泥酔しており、僕の歩哨〔任務〕は本当に不快だった。朝、サンドミエシに向かって航行した。途上、〔ゴプラナ号の〕推進輪が壊れた。われわれは、クラクフまで他の船に曳航されていかなければならない。クラクフへ向かっている。今日は、たくさんの郵便物を受け取った。その中に、パウル[57]が重傷を負い、ロシアの捕虜になっているという悲しい知らせ〔があった〕——〔パウルは〕幸運にもよく看護されているらしい。哀れな、哀れな母さん!!!

——。——

フィッカーとヨレスからのうれしい便りもあった。ついに、ノルウェーから手紙〔が来た〕。その中で、ドレグニ[58]が僕に一〇〇〇クローネ送るよう頼んでいる。しかし、はたして僕は彼にそれを送ることができるのか? ノルウェーがわれわれの敵と手を結んだ今[59]!!! それにしても、このこと〔ノルウェーの動向〕もまた、恐ろしく悲しい事実だ。僕は、あまりにも突然、天

【57】 パウル・ウィトゲンシュタイン。ウィトゲンシュタインの二歳年長の兄でピアニストであった。この負傷で右腕を失ったが、第一次世界大戦後は、片腕のピアニストとして活躍する。モーリス・ラヴェルの「左手のためのピアノ協奏曲」など彼のために書かれた曲も多い。

【58】 ノルウェーの小村ショルデンの工場主にしてウィトゲンシュタインの友人。ウィトゲンシュタインは、第一次世界大戦前、静かな環境で思索に集中するために、ノルウェーを訪れた。彼はここがいたく気に入り、一九一四年の初夏には長期滞在するための家を建てさせている。レイ・モンクによれば、ウィトゲンシュタインはその際、ドレグニを介して建設資金を支払っていた。ここで言われている一〇〇〇クローネも、家の建設の代金の一部と考えられる。(レイ・モンク『ウィトゲンシュタイン1』みすず書房、一九九四年、一三四頁)

【59】 ウィトゲンシュタインは情報の混乱のためか、事実を誤認している。ノルウェーは第一次世界大戦を通して中立であった。

職を失ってしまった哀れなパウルのことを、何度も考えてしまう！　なんと恐ろしいことか。これを乗り越えてゆくためには、どのような哲学が必要となるのだろうか！　そもそも、このようなことが自殺【60】によるのではない仕方で起こりうるとは！！　――たくさん仕事をすることはできなかった。けれど、確信とともに仕事をしている。――。汝〔神〕の意志が行なわれますよう。――――。

1914年10月29日

クラクフへ向かう途上。われわれを曳航する船がサンドミエシに戻らなくてはならなくなったため、停泊している。それが戻ってくるまで待つ。午前中、頭痛と疲労感。パウルのことをたくさん考えた。非常にたくさん仕事をした。依然として、〔学問的〕問題を攻囲しており、既にたくさんの堡塁を奪取した。今は、最も調子の良い時のように、はっきりと穏やかに〔問題を〕見渡すことができる。良い時が過ぎてしまう前に、今回こそは全ての本質的な事柄を解決することができればよいのだが！！！　――。

【60】ウィトゲンシュタインの二人の兄はこの時既に自殺していた。また、もう一人の兄クルトも一九一八年に自殺している。自殺については後註【108】も参照。

1914年10月30日

今日ドイツの新聞を手に入れた。良い知らせはない。つまり悪い知らせと同じことだ！　このような考えによって妨げられるとき、仕事をするのは困難だ！！　それでも、午後にまた仕事をした。ここには僕が多少なりとも打ち明けて話すことのできるような者が誰もいない、ということをしばしばつらく感じる。しかし、僕は、あらゆる暴威に抗って、自分自身を保っていきたい。

第2冊

1914年10月30日〜1915年6月22日

僕の死後は僕の母に送付すること。

B・ラッセル閣下に
トリニティ・カレッジ
ケンブリッジ
イングランド

1914年10月30日

(晩) たった今、うれしい郵便物を受け取った。フレーゲ[61]からのとてもうれしい葉書！ トラークル[62]とフィッカー、母さん、クララ[63]、クリンゲンベルク

【61】ゴットロープ・フレーゲ。ドイツの論理学者で、「概念記法」を発明し現代記号論理学の基礎を築いた人物。

【62】ゲオルク・トラークル。オーストリアの詩人。ウィトゲンシュタインは第一次世界大戦が始まる前、様々な芸術家と並んでトラークルにも資金的な援助を行なっている。マクギネス、前掲書、三五二頁以下を参照。

【63】クララ・ウィトゲンシュタイン。ウィトゲンシュタインの叔母。

夫人【64】からの葉書〔もあった〕。これは僕を大いに喜ばせた。非常にたくさん仕事をした。――――。

1914年10月31日

今朝、さらに【65】クラクフへ向かう。一日中仕事をした。問題に、やぶれかぶれで突撃した！　しかし、僕は、目的を果たさずに撤退するくらいなら、この要塞の前で自らの血を流そう。もっとも大きな困難は、一度征服した要塞を、そこに落ち着いて座することができるようになるまで保持することだ。そして、市街が陥落しないうちは、堡塁の一つにずっと安座するなどということは決してできないのである。――――。

今夜、僕は歩哨に立たなくてはならないが、困ったことに集中的な仕事のせいで既に非常に疲れている。僕の仕事は、相変わらず成果がない！　やれやれ！　――――。今夜は、シュチュチンに停泊する。――――。

1914年11月1日

午前中、さらにクラクフに向かう。昨夜は、歩哨任務のあいだ仕事をし、また今日も非常にたくさん〔仕事をしたが〕、依然として成果はなし。しかし、

【64】ウィトゲンシュタインのノルウェーでの友人。

【65】バウムはwieder（再び）と読むが、weiter（さらに）の誤り。

僕は主要な問題を常に視野におさめているから、気力が出ないということはない。――――。トラークルはクラクフの軍営病院にいて、僕に訪問するよう頼んできている。どんなに僕は彼と知り合いになりたいことだろう！　うまくいけば、僕がクラクフに行くときに彼と会えるだろう！　きっとそれは、僕を大いに力づけるだろう。――――。

1914年11月2日

朝、さらにクラクフに向かう。再び官能的になってきている。夕方ころ、再び砂地に嵌まり込んだ。とても寒い。自分自身をもち、常にそこへと逃げこむことができるということは本当に幸いだ。たくさん仕事をした。仕事という恩寵！！　――――。

1914年11月3日

朝、再びクラクフに向かう。ロシア軍が再び前進し、オパコヴィッツ【66】の二〇キロメートル手前にいると聞く。われわれはそこから一〇キロメートルのところにいる。――――。今、クラクフに近づいたら、僕に一体何が起こるのだろうか？！？　ほとんど一日中仕事をした。――――。恐らく、今夜出航するだ

【66】原語はOpakowiz。詳細は不明。クラクフ近郊にOpatkowice（オパトコヴィチェ）という小村がある。現在のOpatów（オパトフ）だという説もある。

ろう。カノン砲の轟音を聞き、閃光を見る。――――!――――。

1914年11月4日

穏やかな夜。朝、さらに〔クラクフへ向けて航行する〕。非常にたくさん仕事をした。明日には、われわれはクラクフにいるだろう。クラクフが攻囲[67]されることを予期しておかなければならないと聞く。その時には、霊を保持しておくために、僕にはたくさんの力が必要になるだろう。――――。外的な世界には依存するな。そうすれば、外的な世界の中で起こることを恐れる必要はなくなる。今夜、歩哨任務。事物から独立していることのほうが、〔他の〕人間たちから独立していることよりも容易だ[68]。しかし、そうしたこともまた、できなければならない!――――。

1914年11月5日

朝、さらにクラクフへ向かう。われわれは、今晩遅くには当地に到着するはずだ。トラークルに会えるだろうか。とても楽しみだ。僕はとても会いたい。わずかであれ自分自身のことを打ち明けて話すことのできるような人間が一人もいないので、僕はとてもつらい思いをしている。これからもまた、その

【67】クラクフはこの年の一一月にロシア軍によって実際に攻囲されている。

【68】バウムは unabhängig(独立している、依存していない)を、abhängig(依存している)と読み違えている。ここでウィトゲンシュタインが言っているのは次のようなことである。すなわち、外的な世界から自立して自分自身を確保することが重要である。このとき、事物はともかく、他の人間たちに対して無関心と独立を決め込むことは難しい。しかし、難しくてもなさなければいけない。

ような人間無しにやっていかなくてはならないのだろう。しかし、それ〔トラークルとの面会〕はきっと僕を大いに力づけるだろう。一日中、なんとなく疲れており、憂鬱になりかけていた。それほどたくさんは仕事をしなかった。クラクフにつく。今日これからトラークルを訪ねるには、もう遅すぎる。——。どうか、霊が僕に力を与えますように。——

1914年11月6日

朝、市内の軍営病院へ。そこで、トラークルが数日前に死んだと聞かされた！　このことに僕は非常に強い衝撃を受けた。なんて悲しいんだ、なんて悲しいんだ!!!　僕はすぐにこのことについてフィッカーに手紙を書いた。調達を行ない、六時ころ艦に戻った。仕事をしなかった。哀れなトラークル！

——

汝〔神〕の意志が行なわれますように。——

1914年11月7日

昨晩九時ころ急に、他の艦で探照灯を照射するという仕事の命令が来た。このため、ベッドから出て、朝三時半まで照射した。そのせいで非常に疲れている。午後、調達のために市街に。クラクフ攻囲は、いまやはっきりと予期されている。僕は、自分の艦を離れることができるよう頑張るつもりだ。仕事はしなかった。僕は、まともな人間にあこがれる。というのも、ここで僕は、まともでない物事に取り囲まれているのだから。どうか、霊が僕を見捨てませんように。そして、霊が僕のうちで、よりたしかなものとなりますように。――。

１９１４年１１月８日

どうも仕事をする気分になれない。たくさん本を読む。今夜は歩哨任務がある。ほとんど仕事をしなかった。すこし、自分の未来を不安に思う。――。

１９１４年１１月９日

われわれの指揮官とある他の士官の会話をたった今盗み聞きした――なんという低俗な声だろう。その声からは、世界の全ての劣悪さがキイキイ軋み、ぜいぜい喘ぐ音が鳴り響いている。僕はこの低俗さを眺める。僕の目の届く範囲には、鋭敏な心はない！！！――。

パウルおじさんから、非常にうれしい葉書を受け取る。そういった一枚の葉書が、僕を元気づけ、力づけてくれる。しかし、僕はここ数日、憂鬱になりやすい！！　僕は本当の喜びというものを何に対してももたない。そして、未来への不安の中に生きる！　というのも、僕はもはや自分自身のうちに安らぐことがないから。僕を取り巻く一つひとつのまともでない物事が——そうしたものが常に存在するのだが——、僕の最も内的な部分を傷つける。そして、一つの傷が塞がる前に、新たな傷ができるのだ！　僕が憂鬱でない時——ちょうど今晩のように——にさえ、僕は自分が本当に自由であるようには感じない。僕は、ごくまれに、それもごく一時的にしか仕事への情熱をもたない。というのも、安楽な気持ちになることができないから。僕は、世界に依存しているように感じる。そしてこのために、一時的に僕に対して悪いことが何も起っていないような時ですら、世界を恐れてしまう。僕は自分自身というものを、〔言い換えるなら〕その中でかつて自分が確かに安らぐことができた自己【69】というものを、ちょうど、もはや自分から離れ見えなくなってしまった、遠くの憧れの島のようにみている。——ロシア軍は、クラクフに向かって速やかに進軍している。全ての非戦闘員は市街地を離れなければならない。われわれの状況は非常に悪いように見える！　神よ、僕のそば

【69】バウムは das Ich（自己）を daß Ich... というように daß 節として読むが誤り。また、sicher（確かに、安全に）を selber（自分で）と読んでいるがこれも誤り。

にいてください！！！　少しだけ、仕事をした。

1914年11月10日

再び、いくらか多く仕事をした。そして、前よりましな気分。今日、スイスを経由してイングランドへ手紙を書き送ることができると知った。明日すぐにでも、デイヴィドと、おそらくはラッセルにも手紙を書こうと思う。あるいは、多分もう今日にでも。——僕は、これからまた今よりはましに仕事ができることを願う！——！！

1914年11月11日

フィッカーからの親切な手紙〔を受け取った〕。相当たくさん仕事をした。既に堡塁のほうからカノン砲の轟音が聞こえる！　デイヴィドへの手紙を発送した。どれだけ頻繁に彼のことを考えていることか！　彼のほうでは、その半分でも僕のことを考えてくれているだろうか？？　今日はいくらかましな気分。

——！

1914年11月12日

ただ、自分自身だけは失わないこと！！！　集中せよ〔自分自身を集めよ〕！　そして時間つぶしのために仕事をするのではなく、生きるために、敬虔に仕事をせよ！　誰に対しても不正を為すな！　――攻囲が六、七か月に及ぶかもしれないと話題になっている！　全ての商店は閉まっており、ごく短い時間だけしか開いていない。事態が容易ならないものになればなるほど、下士官たちはますます粗野になる。というのも、今や士官たちがすっかり取り乱していて、もはや正常に〔状況を〕コントロールできなくなっているから、下士官たちは彼らの全ての低俗さを、今は罰せられることなくぶちまけることができると感じているのだ。ここで聞かれるあらゆる言葉は、粗暴だ。というのも、まともであることは、もういかなる仕方でも報われないので、人々の方でも、彼らがなお所持しているわずかなまともささえ放棄してしまうのだ。全てがひどく悲しい。午後市街に。相当たくさん仕事をしたが、本当に明瞭な見通しはない！　僕はまだ仕事を続けることができるのだろうか？　（！）　幕はもう下りてしまったのか？？　そもそも〔クラクフ〕攻囲のただ中で、ある一つの〔学問的〕問題に没頭しているということ自体、奇妙というべきなのかもしれない。――――。――――！

1914年11月13日

午前中ずっと、仕事をしようと甲斐なく努めた。明瞭な見通しは生じそうにない。自分の生についてたくさん考えるが、これもまた、僕が仕事をできない理由の一つだ。あるいは逆なのか？　僕は今、自分が依然として、自らを艦上の他の人々から十分に遠ざけていないように思う。僕は、こうした人々と交際することができない。というのも、僕にはそのために必要な低俗さがないのだから。しかし、まったく理解できないことに、これらの人々から離れていることは、僕にとって容易ではない。僕がこうした人間のうちの誰かに、わずかなりとひきつけられているということではない。そうではなく、人間と友好的に話すという習慣があまりに強いのだ！　今夜は任務。今は毎晩カフェに行き、グラス二杯のコーヒーを飲む。その、とてもまともな雰囲気に、僕の気分はよくなる。少ししか仕事をしなかった！　――――！
神が僕に理性と力を与えますよう！！！　――――。

1914年11月14日

夜、歩哨の間ほとんどすべての時間、僕の生が少しでも耐えうるものとなるように、生のためのいくつかの規則を考えていた。底なしに【70】憂鬱だ。つまり、少なくとも人生の喜びのようなものが僕には欠けている。僕が聞く一つひとつのやかましい言葉が僕を痛めつける。いかなる理由もなく!! ――
今夜もまた歩哨の持ち場で仕事をした。――
むしろ僕は、自分の船室に安んじて座することができ、いくらかでも集中する〔自分自身を拾い集める〕機会を持つということを、恩寵と見なさなければならない。――ほんのわずかしか仕事をしなかった。昼のあいだずっと、非常に疲れていた。残念なことに最近このようなことが多い! 午後には、ひどい憂鬱は過ぎた。しかし、仕事をするには疲れすぎていた。夜は、いつもと同じように過ぎた【71】。――!

1914年11月15日

エマソンの『エッセイ集』を読む。恐らくそれは僕に良い影響を与えるだろう。相当仕事をした。――。

【70】原語はgrundlos。バウムはgrundlich（根本的に）と読んでいるが誤り。「底なしに」の他に「理由なく」の意味もある。続く「いかなる理由もなく（Ganz ohne Grund）」とかけている。

【71】バウムはauf（起きていた）と読むがaus（過ぎた、終わった）と読める。

1914年11月16日

冬になる。――昨日、フィッカーからの友情のこもった葉書を受け取った。そのあとで、冬の間は艦を用いることができないから、艦の兵員はここを離れることになるということが話題にのぼる。そうなると、僕はどうなるのだろう?? 堡塁のほうから激しい大砲の轟音が聞こえる。あまりたくさん仕事をしなかった。晩には、市街へ〔行った〕。僕は明らかに、あたかも自分の鼻を押し付けることができるほど、最も深遠な問いの解決の直前にいるにもかかわらず、また明瞭な見通しを持たない!!! 僕の霊〔精神〕[72]は、今、それに関して端的に盲目なのだ! 僕は、門扉のそば、まさにその前に立っていると感じるのに、それを開くために十分なほどには、この門扉を明瞭に見ることができていない。これは、僕がこれまで、今よりはっきりとは感じたことのない、並はずれて奇妙な状態だ。――――!――――!

1914年11月17日

人々のことで腹を立てないというの[73]は、なんと難しいことか! 耐えるということは、なんと難しいことか。午前中、諸事万端片づけておかなければな

【72】ここでは、ウィトゲンシュタイン自身の理性能力のようなものを意味していると思われる。前註【30】を参照。

【73】ウィトゲンシュタインは後に、『哲学宗教日記』の中でも「〔……〕確かなことが一つある。それは、腹を立てるというのは正しくない、怒りは確かに克服されねばならない、ということである」というように怒りの克服の必要について論じている。鬼界彰夫が指摘するように、一九三一年の『哲学宗教日記』においては、怒り(Ärgernis)は聖書の「躓き」概念と結びつけられている(ウィトゲンシュタイン『ウィトゲンシュタイン哲学宗教日記』鬼界彰夫訳、講談社、二〇〇五年、九三頁参照)。この一九一四年の記述では、怒りの激情の克服は、まともであること、(外的世界に惑わされず)自分自身を保つこと、霊のために生きることと関連付けて考えられている。こうした着想に、トルストイの『要約福音書』からの影響の一端を見ることができるだろう(トルストイは『要約福音書』第四章の中で、第一の戒律として立腹しないことを挙げている。ただしレクラム文庫版ではÄrgernisではなくZorn(怒り)zürnen(怒る)という語が用いられている)。怒りの制御と克服はこの日記を通して重要な課題

らならず、仕事には取り掛かれなかった。僕がここの仕事で人々と接触しなければならないときはいつでも、彼らの低俗さが恐ろしくひどいもののように感じられ、いまにも、憤激が僕の中で勝利をおさめ暴発しそうになる。何度もくり返し、僕は自分に対して、穏やかに耐えるよう言い聞かせるのだが、いつもきまって僕は自分の決心を反故にしてしまう。そして、どうしてこのようになってしまうのか、僕自身は本当に分からないのだ。そのようなわけで、人々と共に仕事をし、しかもその際に、彼らと関わりを持たないでいるというのは途方もなく難しい。何度も彼らに話しかけなければならないし、彼らに何か尋ねなければならない。〔これに対し〕彼らは無礼[74]で不十分な仕方で答える――こうしたことを甘んじて受け入れるだけでも、どれほどの労力〔が必要だろうか〕――しかし、それでも答えを貰わなくてはならないのだ。不明瞭な命令が来る場合、等々。そして、いずれにせよ神経はずたずたに破壊されてしまう。物事を自分にとって容易にする方法がわからない時、生きるということは難しい。午後、重い憂鬱に襲われる。それは石のように僕の胸の上にのしかかる。あらゆる義務が、耐え難い重荷となる。晩にかけて、調子の悪さはおさまった。僕の魂にはいくらかの気力が戻ってきた。ほとんど仕事をしなかった。昼間は、これまでもしばしばそうであったように

となっている。

【74】 BEEはfrech（無礼に）、バウムはnicht（〔答え〕ない）と読む。汚れがひどく判読は難しいがfrechが正しいように見える。

気分が良くなかった。晩になるとようやく十分な内的平穏〔が得られた〕。晩になると僕が睡眠を心待ちにするためなのだろうか？——
いやはや、今日の憂鬱は恐ろしくひどかった！！！——。

1914年11月18日

堡塁のほうから激しい轟音。数日のうちにわれわれは再び出航しなければならないだろうと言われている。われわれの指揮官が〔艦を〕離れ、モレ少尉[75]が再びその代わりに〔指揮官を〕務める。このことを僕は喜ぶ。機関銃の銃声が聞こえる。一日中、堡塁のほうから激しい大砲の轟音。——相当たくさん仕事をした。よい気分。配置換えしてもらうという計画を心に抱くが、このことについては自分自身納得できていない。僕の仕事は、停滞し始めた。僕が前進するためには、再び重要な思いつきが必要だ。——
——。

【75】オーストリア＝ハンガリー帝国南部のケルンテン出身のスロベニア人少尉。法学と美術史学を修め、博士号も取得している。第一次世界大戦後にはリュブリャナ〔ライバッハ〕で大学教授となった。モレ少尉についてはバウムによる脚註を参照した。なお、バウムはこの箇所ではモレ Molé を solle と読み違えている。

1914年11月19日

雪が降る。最近しばしばそうであるように、朝、押しつぶされるような気分。午前中ずっと、艦のために仕事をした。午後は、司令官の訪問を待つ。このために、いまや皆が昂奮状態にある。晩にかけていくらか仕事をした。再びクラクフ近郊で激しい戦闘。——。

１９１４年１１月２０日

強烈な連続砲撃。——。
いくらか仕事をした。今夜は歩哨。歩哨任務に際して、僕は自分の目の悪さに困っているため、午後、眼科医のところへ〔いく〕。メガネをかけることになるだろう。僕の未来は、依然としてまったく不確実だ。明日、恐らく僕は指揮官と、僕のこれからのことについて話し合うだろう。——。

１９１４年１１月２１日

絶え間ない連続砲撃。ひどい寒さ。堡塁からのほとんど途切れることのない轟音。相当仕事をした。けれど、僕は依然として、救済をもたらす言葉【76】を発することができない。僕はその周りを回っていてすぐ近くにいる。しかし僕はまだ、自分でそれを掴みとることができない！！　僕は自分の中で安らぐことができないから、自分の未来について常に少し心配している！
——！　——。

【76】『草稿』の一九一五年一月二〇日の書き込みには、学問的成果との関係でこの言葉が見られる（「一般性は本質的に要素的-形式と結合している。救済をもたらす言葉——?!」『草稿』一九二頁）。このことから、ウィトゲンシュタインは彼が取り組んでいる問題に決定的な解決を与えるような着想を、「救済をもたらす言葉」と呼んでいると考えられる。マクギネスはこのような学問的な問題の解決が、彼自身の実存的な問題の解決とも関連していたと主張している。マクギネスは、ウィトゲンシュタインが自殺への憧れと、何も成し遂げないままに死ぬことへの恐れを常に抱いていたことを指摘し、「彼〔ウィトゲンシュタイン〕が死を恐れたのは、ひとえに自分のすでに過ごしてきた生涯に何らかの意味を与え、自分が他人にもたらした苛立ちや、自分が他人に対して感じた侮蔑感をつぐない、あるいは正当化するために、何らかの大きな仕事を成就する必要があったからである」とする。そして、「こうした考え方やかかる動機は論考の執筆と刊行に至るまで、彼のうちに残存していた」と続ける（マクギネス、前掲書、二六九頁）。死を前にして、偉大な仕事を成就しなければならないという焦燥の中でウィトゲンシュタインは、「異なった諸領域における「救済思想」のあいだに、区別があるとは

１９１４年１１月２２日

厳しい寒さ。ヴィスワ川を氷塊が漂う。引き続き大砲の轟音。これだという思い付きはなかった。本当に疲れており、このため少ししか仕事ができなかった。救済をもたらす言葉を発することはなかった。昨日、それは一度は僕ののど元まで出かかっていたのだが。しかしそのあと、再び滑るように引っ込んでしまった。――。良くも悪くもない気分。僕はもうすぐに眠ろうと思う。――。

１９１４年１１月２３日

絶え間ない轟音。――。たった今、電信が来たらしい。「水運が止まった」。従って、われわれがどうなるのか、間もなく決せられるに違いない。――今、僕の一日は、読書といくらかの仕事をするうちにすぎてゆく。その際、僕はもちろんいつも船室に一人で座ってすごす。四、五日に一度歩哨任務がある。ときどきジャガイモの皮むき、石炭運び、あるいはその他の同様「の任務を行なう」。歩哨任務のほかは、僕は決まった仕事を持たない（探照灯はもう一か月半もの間使われていない）。このために、僕は人々の間で自分が

思っていなかった。つまり、そうした思想ないし言葉は彼を恐れや不安から解放してくれるものでもあれば、戦友へのつのる苛立ちから、また絶えず手をすり抜けていく論理学の問題との消耗する格闘から解放してくれるものでもある」（同書、三八六頁以下）。論理学上の問題と実存の問題は相互に干渉しあい、いわば「哲学の問題解決は人生の問題の解決であった」（同上）。

怠け者であるように感じられ、僕の多くの自由な時間にも本当に安らぐことはない。というのも、僕は艦のために仕事をしなければならないと感じるのだが、何をすべきか分からないからだ。僕にとって一番良いのは、僕が容易に、そして確実にこなすことができる規則正しい仕事だろう。というのも、能力的に解決できないような仕事というのは、最も厭わしいものだからだ。僕は今日、われわれの指揮官と、ありうべき配置換えについて話してみようと思う。話してみた結果、僕はここから配置換えされるという希望を持ってよいようだ。相当仕事をしたが、依然として成果はなし。晩に風呂に入る。——。

1914年11月24日

厳しい寒さ！　ヴィスワ川は流氷によって完全におおわれている。今日は港に入港する。すぐにでも、ここから離れることができたらよいのだが！　ここでは、絶え間なく騒ぎが起こり、自分が何をなすべきなのかを誰も知らない。下士官たちはより一層低俗になり、皆が皆を焚きつけて、より一層ひどい恥知らずな言動へとけしかける。もちろん、例外もまた存在するのだが。今夜は歩哨任務。歩哨任務はなかった。たくさん仕事をした。くり返し、不完全な認識がのど元まで出てくる。これは良いことだ。フィッカーが今日、哀れなトラークルの詩集を送ってくれた。僕はこれらの詩を理解できないが、天才的なのだと思う。これらの詩は僕を元気づけた。神は僕とともに！
――。

1914年11月25日

昨日の午後から港に停泊している。艦内の便所が閉鎖されてしまった！　このため、なかば吹きさらしの仮設便所までわざわざ歩いてゆかなくてはならない。非常に寒い。生活はますます耐え難いものになっていく。あまりたくさん仕事をしなかった。ただここを離れたい！　――。

1914年11月26日

一つの問題で行き詰っていると感じるときは、それについてさらに熟考してはならない。さもないと、その問題にずっととらわれたままになる。むしろ、どこかしら快適に座っていられる場所から、〔新たに〕考え始めなければならない。無理強いだけはいけない！　堅固な難問も、全てわれわれの前でおのずから解決するはずだ。

強烈なカノン砲の轟音。

僕が何をしようと、問題はおのずから雷雲のようにまとまって発達してゆく。僕はこうした〔自ら発達してゆく〕問題を前にして、ずっと満足のゆくような見地に立ちつづけるということはできない。非常にたくさん仕事をしたが、どうしても状況を明らかにすることはできない。むしろ、僕がいつも考えるところからは、どこへいっても僕が答えることのできないような問いに突き当たってしまう。今日は、あたかも僕の創造性が終わりを迎えたかのように思われた。全ての対象が、再び彼方へ遠のいてゆくようにみえた。そしてもちろん、〔調子の良かった〕僕の三、四か月も終わる。残念なことに、たった一つの本当に大きな成果もなく！　しかし、どうなるかはいずれわかることだろう。――――。

われわれは冬営地に入ることになるだろうと噂されている。もしそうなれば、恐らく全ての人々と一緒に眠らなくてはならなくなる。神が、そのようなことを防ぎますように！！

――とにかく、いかなる場合にも冷静さ[77]を失いたくない！　神は僕とともに。――――。――――。

【77】原語はGeistesgegenwart。危急時の沈着な心構え、正しい判断を下せる冷静さを意味する。この語を語根から直訳するなら「霊ないし精神が現前していること」となる。

今日は歩哨。――。

1914年11月27日

昨日は非常にたくさん仕事をした。昨日の昼から今日の昼まで、七人の人々とともに歩哨の詰め所で過ごし、任務に就く。今日は特に、自分がとても不幸であると感じた。あらゆる方策を用いて、僕の配置換えを急がせる。僕は思う。僕は、粗野で低劣な人間たち――こうした人々は、いかなる危機によっても大人しくなるということがない――にとり囲まれて、惨めに死ぬに違いない。もし、僕に奇跡が起こり、自分が今持っているよりもずっと多くの力と知恵を与えてくれるのでなければ！　そうだ、僕がこの状況を生き延びるとすれば、奇跡が僕に起こらなくてはならないだろう！　自分の未来のことで不安になる。少ししか仕事をしなかった。奇跡よ！　奇跡よ！　――。

1914年11月28日

相当たくさん仕事をした。――。

1914年11月29日

1914年11月30日

朝、兵団の司令部へ。われわれの指揮官と僕のことで話しをした。〔彼の話によれば〕配置換えになる場合、僕は戻って幹部に会いにゆかなければならない。〔また、〕われわれが冬営地に入る場合、彼〔指揮官〕は、僕が個室を得られるよう配慮する。しかし、これからの期間は、探照灯が再び使用されることになりそうであり、このため、僕はここにとどまるべきだ〔とのことだ〕。——今、もう晩だが、僕が市街地から戻ると、ある艦がここを出航するらしく、あたりがとても騒々しい。また、探照灯〔を搭載した艦〕も同行するということも話されている。——。〔同行するとなれば、〕僕にとって本当に不都合なことになるだろう。われわれの計画は、すぐにも挫かれてしまいかねない。それでも生きてゆくためには、僕は〔配置換えへの希望とは〕別のよりどころを見つけなければならない。——同日午後、幹部を訪ね、一人の火薬係下士官と、僕が気球部隊[78]に行くことが可能かどうかについて話した。彼は、このことについてはこの部隊の火薬係下士官であるヴルチェクと話した方がよいだろうといった。そう〔ヴルチェクと話すことが〕できればよいのだが！——。あまりたくさんは仕事をしなかったが、良い

【78】ウィトゲンシュタインはケンブリッジに移る前、マンチェスターで航空工学や気象学の研究を行なっている。その際、しばしば郊外の観測所で凧や気球をあげる実験を行なった。彼は、その経験を軍務において生かすことができるのではないかと考えたのだろう。マクギネス、前掲書、第三章を参照。

思いつきがなかったわけでもない。再び、いくらか官能的になっている。ただ、自分自身の霊〔精神〕のためだけに生きる！　そして、すべてを神にゆだねる！　――。

1914年12月1日

もう一二月だ！　依然として、平和は話題にならない。昨夜、激しい大砲の轟音。弾丸が唸りを立てて飛ぶのを聞いた。――昨晩、ある艦がヴィスワ川を下って行ったのだが、毎日、異なる部隊がそれを見張らなければならない。例えば、明日はわれわれが〔見張りを行なう〕！　僕はどうなるのだろうか？！　こんな戦友とこんな上官とともにあって！　――。午後、火薬係下士官のヴルチェクを探しに行ったが、見つからなかった。砲兵隊参謀部へ行くよう指示された。明後日、歩哨の後でそこへ行ってみようと思う。非常に少ししか仕事をしなかった。これまで同様、霊が僕を護りますように！

――。

1914年12月2日

今日の昼、われわれは歩哨に立つ。ありがたいことに、われわれの指揮官も一緒にいく。つまり、少なくとも一人はまともな人間が同行するのだ。夜、堡塁のほうから恐ろしい轟音。そして今、朝八時、轟音が再び始まる。われわれは今夜、外で眠らなくてはならない。僕は、恐らく仕事には取り掛かれないだろう。ただ、神だけは忘れないでいること。

————————————。

1914年12月3日

何も仕事をしなかったが、たくさんのことを体験した。しかし、それを書きつけるには、今あまりに疲れている。——。

1914年12月4日

一昨日の監視任務では特別なことは何も起こらなかった。僕が、走っていて転んでしまい、今日になっても足を引きずって歩かなければならないということを除いて。あらゆる方角から、これまでにないほど激しいカノン砲の轟音、銃撃、火災、等々。昨晩、僕の用件で要塞司令部へ〔行った〕。一人の中尉が、僕が数学を研究していたと聞くと、彼のところ（工廠）に来たらよいといった。彼は、非常に感じの良い人物であるように見受けられる。僕は同意し、今日この小艦から配置換えになった。僕は大いに希望を持っている。――。ごく近いところで、大砲の轟音。午後、市街地に〔行く〕。少ししか仕事をしなかった。昨夜もほんの少ししか眠らなかったために、一日中なんとなく疲れていた。早く寝よう！　――。

1914年12月5日

明日か明後日、僕はここを離れる。どこに住むことになるのかはまだ決まっていない。どんな場合にも、僕はそうしたことに左右されたくはない。あまりたくさん仕事をしなかった。けれど、僕は立ち止まっているわけではない。大好きなデイヴィドのことをたくさん考える！　神が彼を護りますよう！　そして僕も〔護りますよう〕！　――。

1914年12月6日

夜、カノン砲がすぐ近くで発射され、艦がぐらぐら揺れた。たくさん仕事をし、成果もあった。いまだ、僕がいつこの艦を離れるのか知らされていない。明日、この艦は再び警戒任務につく。もし、僕が明日任務を解かれなければ、僕もそこに同行しなければならなくなる。僕の足はまだ〔先日の〕転倒から癒えていないから、そうなると非常に困る。雨が降り、このあたりの粘土質の道は恐ろしいほど歩きづらい。霊が僕を護りますように！――。

1914年12月7日

僕の足〔の状態〕はさらに悪くなった。歩哨に同行することは恐らくないだろう。僕の転任に関しては、まだいかなる命令も来ていない。付近で激しい轟音。――。たった今、僕は明日ここを離れるということを聞かされる。僕の足〔の状態〕のために、歩哨には行くことができない。あまりたくさん仕事をしなかった。われわれの指揮官と話した。彼はとても感じが良かった。疲れている。全ては神の手に。――。

1914年12月8日

午前中、僕の足のことで「医務室回診」へ。肉離れだった。あまりたくさん仕事をしなかった。ニーチェ〔選集〕の第八巻を買い【79】、読んだ。彼のキリスト教に対する敵意に強く心を動かされる。というのも、彼の書にも何らかの真理が含まれているからだ。確かに、キリスト教は幸福へと至るただ一つの確実な道だ。しかし、もしある者がこのような幸福をはねつけたとしたらど

【79】直後にウィトゲンシュタインがニーチェのキリスト教批判に言及していることから、マクギネスとモンクはここで彼が買った巻は『反キリスト者』であったと比定している（マクギネス、前掲書、三八二頁、およびモンク、前掲書、一三〇頁参照）。また、モンクはこの箇所で、ウィトゲンシュタインのこの時期のキリスト教観を次のように分析している。「彼〔ウィトゲンシュタイン〕はニーチェの心理学的用語でその問題〔キリスト教の信仰という問題〕を論ずることに満足している。それはキリスト教が真であるかどうかという問題ではなく、そうでなければ耐えがたい、無意味な実存を取り扱うのに、キリスト教が何らかの手助けを与えるのかどうかという問題だ、と彼は見ている」。つまりモンクによれば、ウィトゲンシュタインはキリスト教を、生き方ないしは実践の問題として理解していた。

うか?! 外的な世界に対する望みのない戦いの中で不幸にも破滅するほうが勝るということはありえないのだろうか? しかし、そのような生は無意味だ。しかし、意味のない生を送ったってよいではないか? それは、〔生きるに〕値しないのだろうか? それは、厳密に独我論的な立場[80]とどのように折り合うのだろうか? しかしそれにしても、僕自身の生が自分から失われないようにするために、僕は何をしなければならないのか? 僕は常に自分自身の生を——ということは常に霊を——自覚していなければならない。——。

1914年12月9日

午前中、兵団の司令部へ行き、配給伝票を受け取った。仕事はしなかった。非常にたくさんのことを体験したが、それを書きつけるにはあまりに疲れている。——。

1914年12月10日

昨日の午後、僕の新しい上司〔中尉〕の事務所へ行った。彼を長い時間待たなければならなかった。彼はようやく来ると、すぐに僕に仕事を命じた。僕

【80】 ウィトゲンシュタインのいう独我論がどのようなものであったのか、という問いに答えることは簡単ではない。それは、『論理哲学論考』の解釈に関わる問題」(ウィトゲンシュタイン『論理哲学論考』野矢茂樹訳、岩波書店、二〇〇三年、訳註(八六)、二〇九頁)であり、まともに扱えば本註で扱いうる範囲を超えてしまう。ここでは、ごく簡単に基本的な事柄を註記するにとどめる。初期ウィトゲンシュタインの独我論については、まずは『論理哲学論考』の命題五・六から命題五・六四一をみるのがよい。ウィトゲンシュタインが『論理哲学論考』においてある種の独我論的な立場を肯定していたことはよく知られている。当該箇所を少し引用してみよう。「〔命題五・六二〕独我論が言わんとすることは完全に正しい、ただそれは語られることはできず、それ自体示されるのである。世界というもの die Welt が私の世界 meine Welt であること、このことは次のことの中にそれ自体示される。すなわち、言語というものの限界(〔つまり〕私が唯一理解する言語〔の限界〕)が私の世界の限界を意味する。〔命題五・六二一〕世界と生とは一つだ。〔命題五・六三〕私は私の世界だ」。便宜的に、この内容を乱暴に言い換えてみるなら次のようになろう。私は世界そのものである〔=独我論〕。とい

は兵営内の自動車[81]のリストを作成することになった。加えて彼は、夜八時に彼の住居に来るよう僕を招待した。ある大尉も来ることになっている。中尉が僕のことを話したら、大尉が僕に会いたがったのだ。中尉のところへ行ったら、四名の士官もそこにおり、僕は彼らと夕食を共にした。大尉は、限りなく感じの良い男だ（他のものも皆、真に愛すべき人々だ）。われわれは一〇時半まで話し、尋常でないほど心をこめて別れた。——今朝、住居を探し、見つけた。一〇時から夕方五時まで事務所。そのあと、僕の荷物を艦からこの新しい住居に運んだ。とても感じの良い、小さくもない部屋だ。四か月ぶりに、初めて一人で本当の部屋にいる！！ 僕はこの贅沢を味わう。仕事には取り掛かれなかった。しかし、今に何とかなるだろう。僕は非常にたくさんあちこち駆けずり回ったせいで、とても疲れた。再びベッドで眠ることができるというのは、なんという恩寵だろうか！ なんという、事実として与えられた恩寵だろうか。————。————。

1914年12月11日

午前中、事務所で書き物をした。仕事に取り掛かることはできなかった。全日、事務所。中尉は素晴らしく好ましい〔人物だ〕。仕事に取り掛かること

うのも、私は私の世界であり、私の世界というのは世界そのものであるからだ。このことの正しさを論証することはできない。しかし、それは既に、言語と理解（人間による世界認識）の関係ないし構造そのものの中に示されている。こうした独我論に関する考察は、『草稿』の中に既にみられる（一九一五年五月二三日、一九一六年九月二日、同一〇月一二日、同一五日など）。

　また、この独我論が、例えば「〔……〕いずれにしてもわれわれは、ある意味で依存している。そして、この、我々が依存するものを神と名付けることもできる。このような意味であるなら、神とは、まさに運命であり、あるいはおなじことであるが、——我々の意志から独立した——世界であることだろう。私は、運命からであれば、独立していることができる。〔したがって〕世界と、私の独立した自我という、二つの神的なるものが存在することになる」（一九一六年七月八日『草稿』二五七頁、訳文は適宜変更した）というような記述とどのように整合するのかといった問題も興味深い。すなわち、『草稿』のこの個所で、ウィトゲンシュタインは、自我と運命（ないし運命としての世界）との分裂をこのように前提した上で、「幸福に生きるためには、私は世界と一致しなければならない」、幸福である時、「私は、自分がそ

はできなかった。

1914年12月12日

少しだけ仕事をした。全日、事務所にいたが、することはあまりなかった。明日はもっと仕事ができればよいと望む。入浴した。――――。

1914年12月13日

全日、事務所。僕の思想はふらついている。僕は足に筋肉痛があるのだが、あたかも僕の脳も片足を引きずって歩くかのようだ。けれど、いくらか仕事をした。依然としてデイヴィドからの返信はない！ 彼は僕の手紙を受け取ったのだろうか？ 彼は戦争を僕よりも個人的なものとして理解しているのだろうか？！ ――――ただ霊のみが生きよ！ 霊は安全な港。慰めのない、無限の灰色の出来事の生起という外海から離れ、護られている。――――。

1914年12月14日

全日、事務所。仕事はしなかった。しかし、また何とかなるだろう！ ヨレスからのうれしい小包。――――。

れに依存していると思われる、あの見知らぬ意志と、いわば一致している。これが「私は神の意志を行なう」と言われていることである」と書いている。つまり、彼は、自我と世界との一致を倫理的な要請として論じているのだ。ここに、ウィトゲンシュタインの独我論の実践哲学的、倫理学的な根を見ることができるかもしれない（ただし、この書き込みの中で、ウィトゲンシュタインは神と世界を同一視して良いものか自問している）。やや話を広げすぎたが、本日記を通して、神の意志との一致、霊との一致が問題となっていることの背景も、こうした問題との関係の中で理解できると思われる。

【81】 バウムは Motorsägen（電動のこぎり）と読むが Motorwägen（自動車）の誤り。

1914年12月15日

全日、事務所。少し仕事をした。しかし僕の思想は、鉄道か船にでも乗っているときの〔着想の〕ようだ。そういうところでは、人は〔鉄道や船の動きと〕同じようにぎこちなく考えるものだ。

1914年12月16日

全日、事務所。われわれは、恐らくすぐにウーチ〔ロッズ〕へ移動することになると聞かされた！　いくらか仕事をしたが、本当の意欲はない。

1914年12月17日

全日、事務所[82]。仕事はしなかった。とても腹が立った。――ほんの少ししか自由な時間がない。――――。

1914年12月18日

いつもと同じ。仕事はしなかった。

【82】ウィトゲンシュタインはこの時期頻出する「全日、事務所」Ganzen Tag Kanzlei をG. T. K. と略記しはじめる。

1914年12月19日

少しだけ仕事をした。——。

1914年12月20日

少しだけ仕事をした。ほとんど五時まで事務所にいて、その後、市街地へ。よい気分のとき、急に孤独を自覚すると、少し背筋を冷たいものが走る。その心地よさ。——。

1914年12月21日

デイヴィドから手紙！！ 僕はそれにキスをした。すぐに返事を出した。すこしだけ仕事をした。——。

1914年12月22日

仕事をしなかった。六時まで事務所。——。
本当に少ししか仕事をしなかった。夜、入浴した。——。

1914年12月24日

今日、本当に驚いたことに[83]、軍属[84]——無星だが——へと昇進した。——————。仕事はしなかった。——————。

1914年12月25日

士官室で昼食を食べた。いくらか仕事をした。

1914年12月26日

ほとんど仕事をしなかった。午後、一人の若者と知り合った。彼は、リヴィウの大学で学び、今はここで運転手をしているという。晩に、彼とカフェにゆき、楽しく会話した。——————。

1914年12月27日

午後九時半まで事務所。仕事はしなかった。ギュルト中尉の副官に任命される。——————。

【83】バウムはFreude（喜び）と読んでいるが、Überraschung（驚き）。

【84】軍に帯同している文官や技官など。独自の階級があり士官と同等の扱いを受ける場合もあった。マクギネスによれば、ウィトゲンシュタインがここで得た新しい地位は「実際には階級を伴わない事務職」であった。しかし、この地位の変更がギュルト中尉の特別の厚意によって可能になったこと、そして実際に、翌日ウィトゲンシュタインは士官室で食事をとっていることなどから、この地位の変更は「異例の昇進」であったと考えられる（マクギネス、前掲書、三九〇頁）。

1914年12月28日

午後一〇時まで事務所。仕事はしなかった。非常にたくさんすべきことがある。――。

1914年12月29日

ほんの少しだけ仕事をした。そのほか、すべきことがたくさん〔あった〕。晩に入浴。

1914年12月30日

仕事はしなかった。自分自身を決して失わないこと。――。

1915年1月2日

一昨日の午後、突然、僕は指揮官とともに直ちにウィーンへ行くことになったと知らされた。昨日の朝、われわれはここウィーンに到着した。母さんにとっては、考えうる最大の驚き、喜び等々。昨日は何も仕事はせず、ひたすら家族のために過ごした。今日の午前は調達。今、正午近くだが、僕はギュルト〔中尉〕と任務上のことを片づけなければいけないので、彼を待っている。次のことは自分のために書き留めておきたい。僕の道徳的な状態は、例えば復活祭の時[85]に比べても、相当低い。

1915年1月3日

昨日の午後は、ギュルトとともにクロスターノイブルク[86]へ。その後は、母さんと家にいた。

1915年1月6日

ウィーン。明日、帰路につく。先一昨日と一昨日は、ラボーア[87]を訪ねた。昨日はギュルトとともにウィーナー・ノイシュタット[88]へ。帰り道、メートリング[89]で、ロート大尉と食事をしたが、彼はまったく好感の持てない人物であった。このため、食事の後すぐに、一人電車でウィーンに向かった。

1915年1月10日

夜遅く、クラクフに着いた。疲れている！ ギュルトとても長く快適な時間を過ごした。自分の将来の生についてとても知りたいと思う。――――。

【85】前年、一九一四年の復活祭は四月一二日。この頃ウィトゲンシュタインはジョージ・エドワード・ムーア（ケンブリッジの哲学者・倫理学者）をノルウェーに招いている。いわゆる「ノルウェーでG・E・ムーアに対して口述されたノート」（『ウィトゲンシュタイン全集一』三一七-三三七頁）はこの時に作成された。この時期の彼の「道徳的な状態」について、マクギネスは次のように書いている。「この年〔一九一四年〕のあいだ中、いつにも増して思いが自殺に向い、芝居がかった以上に歴然とした不幸の中で、自分を支えていた友情の根幹に突き当った」（マクギネス、前掲書、三三一頁）。マクギネスがいうには、ウィトゲンシュタインはこの年、自らの生についての悩みから過敏になっており、外的な出来事に対して殊更に激しく反応したのだった。マクギネスとモンクの伝記を参照しながら、この時期ウィトゲンシュタインに起こった出来事を簡単に振り返ってみたい。一九一三年の年末、ウィトゲンシュタインはフレーゲを訪問した後、ウィーンの家族のもとに行っている。彼はウィーンで「恐ろしい煩悶と落胆」（ラッセル宛ウィトゲンシュタインの手紙、マクギネス、前掲書、三三九頁）に苦しみ、ノルウェーでようやく孤独を得ると安堵している。しかし、一九一四年の初め

1915年1月11日

フレーゲからの手紙を受け取った！　少しだけ仕事をした。

1915年1月12日

いくらか仕事をした。――――。

1915年1月13日

いくらか仕事をした。まだ、大きな意欲をもって仕事をしているわけではない。僕の思考は疲れている。僕は、事柄を鮮明には見ておらず、生命を欠いたものとして平凡に眺めている。あたかも、炎が消えてしまったかのようであり、僕は、それが再びおのずから燃え始めるまで待たなければならない。しかし、僕の霊は活発だ。僕は考える……。

――――。

1915年1月14日

少しだけ仕事をした。まだ〔思考の状態は〕良くはない。とても頻繁にデイ

には、学問的理想の違いからラッセルと対立状態に陥り、三月には絶交を提案する書簡を送っている（完全な絶交はラッセルの応答により回避された）。このようなラッセルとの離隔もあり、ウィトゲンシュタインは新たな議論の相手としてムーアを心待ちにし、ノルウェーへの来訪を催促する書簡を何通も送ったのだった。

【86】ウィーン郊外の街。街の名のクロスター（修道院）という部分に見えるように、一二世紀から続くアウグスティヌス会の大きな修道院を中心に発展した。

【87】ヨーゼフ・ラボーア。ボヘミア生まれの作曲家、ピアニスト、オルガニスト。ウィトゲンシュタイン家の庇護を受けており、パウル・ウィトゲンシュタインの音楽教師でもあった。その演奏技術は同時代、非常に高く評価されていたという。

【88】ウィーン南方にある街。

【89】ウィーン近郊。

ヴィドのことを考える。そして、彼からの手紙を欲する。

1915年1月15日

いくらか仕事をした。より大きな意欲をもって。晩に、入浴した。

1915年1月16日

いくらか多く仕事をした。意欲もある。今は、支隊のためにしなければならないことが非常に少なく、僕にとってとても好都合だ。まだデイヴィドからの便りはない。ここ数週間、より官能的になっている。――――。

1915年1月17日

再び仕事をした。――――。

1915年1月18日

ほとんど仕事をしなかった。自分が本当に弱々しく感じられ、いかなる意欲もない。しかし、恐らく事態はかわってゆくだろう。――――。――――。

1915年1月19日

非常に少ししか仕事をしなかった。この点では、〔僕は〕完全に死んでいる。自分自身を無理強いして、なにかをさせるようなことだけはしないこと！！！　僕はデイヴィドからの便りをいつ受け取るのだろう?!――。

1915年1月20日

仕事をしなかった。しかしこの平穏は、ちょうど気分を晴れやかにする睡眠のようだ。

1915年1月21日

いくらか仕事をした。デイヴィドに宛てて手紙を送った。その手紙をもって当地の中央郵便局の検閲係のところへ行った。検閲係はとても感じの良い人物だ。

1915年1月22日

仕事をした。

1915年1月23日

いくらか仕事をした。いま、僕のはっきりとしない地位のせいで、困難に陥っている。ただ自分自身をしっかりと占拠する【90】こと！――。

1915年1月24日

いくらか仕事をした。――。

1915年1月25日

ケインズからの手紙！　あまりうれしいものではない。ここ数日は非常に官能的〔になっている〕。――仕事をしたが成果はない。自分の仕事がこれからどうなってゆくのか、全く見えない。ただ奇跡によってのみ、僕の仕事は成功しうる。ただ奇跡によって、つまり、僕の外部から、僕の目の覆いが取り除かれることによって。僕は自らを、自分の運命の中へ完全に従わせなければならない。〔事態は、〕運命が僕に定めるようになっていくことだろう。僕は、運命の手の中で生きる。（委縮してはいけない）そうすれば〔自らの運命に従えば〕、僕が委縮するようなことはありえない。――。

【90】バウムはbesiegen（打ち勝つ、克服する）と読んでいるが、ここはbesitzen（所有する、占拠する）。

1915年1月26日

アルネ[91]からうれしい葉書を受け取った。いくらか仕事をしたが、成果はなかった。

【91】ウィトゲンシュタインのノルウェーでの友人。

1915年1月27日

仕事をしなかった。晩に、大勢の士官とともにカフェへ。ほとんどの者は、豚のように振る舞った。僕ですら、ほんの少しではあるが必要以上に[92]飲んでしまった。

【92】バウムはmehr als sonst（他の時よりも多く）と読んでいるが、ここはmehr als nötig（必要以上に）。

1915年1月28日

仕事をしなかったが、僕の健康のためには——つまり、仕事が健全に進捗するためには非常に良いことだ。非常に官能的だ。今は少なからず運動をしているから、このことは奇妙だ。よく眠れない。

1915年1月29日

ほとんど仕事をしなかった。

1915年1月30日

仕事をしなかった。自分の外的な地位について非常に気をもまなければならない。僕はこの問題について、恐らくすぐに決定的な措置をとるだろう。
——。

1915年1月31日

仕事をしなかった。——。

1915年2月1日

仕事をしなかった。昼にショルツ大尉の士官室へ。とても居心地のいいところだった。——。

1915年2月2日

ほんの少しだけ仕事をした。——。

1915年2月3日

仕事をしなかった。なにも思いつかない。これから、鍛冶作業場の監督〔任務〕を、引き継がなくてはならない。どうなるのだろうか？　どうか、霊が僕についていてくれますように！　非常に困ったことになるだろう。しかし、気力さえあれば！　――。――。

1915年2月5日

仕事をしなかった。今はかなりの時間、鍛冶作業場にいる。――。

1915年2月6日

デイヴィドからのうれしい手紙！（一月一四日付）

1915年2月7日

仕事をしなかった。――！　――。

1915年2月8日

フィッカーからトラークルの遺作を受け取った。とても良い〔作品な〕のだろうと思われる。——官能的。今は、自分の仕事に取りかかるための手がかりがまったくない。——。

1915年2月9日

仕事をしなかった。——。——。

1915年2月10日

仕事をしなかった。フィッカーから親切な手紙。リルケからの贈りもの。[93] また仕事をすることさえできたなら！！ 他の全てのことはうまくいくだろうに。いつになったら、僕はまたなにか思いつくのだろうか？？！ そうした全てのことは神の手の中にある。ただ願い、希望を持て！ そうすれば汝〔ウィトゲンシュタイン自身〕はいかなる時も無駄にはしない。——。

【93】金銭的援助に対するリルケからの礼状のこと。ウィトゲンシュタインは同月一三日付のフィッカー宛の手紙の中で、このリルケの礼状に対する感激をあらわにしている。マクギネス、前掲書、三五五頁参照。

1915年2月11日

仕事をしなかった。――今、士官の一人――士官候補生のアダム――と非常に緊迫した関係にある。われわれの間で決闘が起こるということもありうる。だからこそ、いっそう善く、自分自身の良心に従って生きよ。霊が僕とともにありますように！　今、そしていかなる未来においても！　――！

1915年2月13日

仕事をしなかった。霊が僕とともにありますように。――。

1915年2月15日

昨日は、いくらか仕事をした。論理学のことを一度も考えずに――たとえほんの一瞬にすぎなくとも――、一日を過ごしてしまうようなことはここのところない。これはよい徴候だ。僕はあらゆる可能性を予感する！　――昨日の晩、ショルツ大尉のところへ。そこでは音楽が奏でられた（午後一二時まで）。とても居心地が良かった。

1915年2月17日

昨日と今日はいくらか仕事をした。支隊での僕の地位は今やまったく満足のゆかないものだ。何か起こるに違いない。――僕は大いに腹を立て、気を病み、そして自分の内的な力を無駄に使わなくてはならない。僕はまたとても官能的になっていて、ほとんど毎日自慰する。この状態がつづくということはないだろう。――――――――――――――――――――――――――――――――【94】

1915年2月18日

ほとんど仕事をしなかった。自分の状況についてよくよく考えた。僕は自分の将来について、どのようなことであれ知りたい。――。

1915年2月19日

工廠にて新たな不愉快事。指揮官と長く会話したが、何ひとつまともな結論には至らなかった。ほとんど仕事をしなかった。こうした不愉快事は、僕が

【94】非常に乱暴な筆致で三行にわたって線が引かれている。立腹に任せて引いたようにも見えるし、過って汚損してしまったようにもみえる。

思考するのを妨げる。このままではいけない。――――。――――。

1915年2月20日

臆病な考えからくる、怯えた動揺、不安な物怖じ、女々しい嘆き、これらは惨めな状況を好転させないし、汝を自由にすることもない！[95] 仕事をしなかった。たくさん考えた。

――――。

1915年2月21日

仕事をしなかった。ましな気分。官能的。再び仕事をすすめることさえ出来たなら！！！――――！――――。

1915年2月22日

仕事をしなかった。昨晩は極めてたくさんの、生々しい、しかし悪くはない夢を見た。兵員に関して多くの不愉快事。腹立ちと昂奮。自己批判[96]、等々。

――――。――――。

【95】ゲーテの詩「臆病な考え Feiger Gedanken」からの引用。この詩はさらに「全ての暴威に／抗って、自らを保持し／決して屈従せず／力強く自らを誇示すること／そして汝ら、呼び寄せよ／神々のかいなを、汝らのもとに」（「／」は詩行の区切り）と続く。自らを保持すること、勇気を持ち臆病さを退けることといった内容のうちに、本日記に表われたウィトゲンシュタインの思想との連関をみることができる。

【96】バウムは判読不能としている。

1915年2月23日

仕事をしなかった。僕をとりまく困難は、依然として制御されていない。――――――――。

1915年2月26日

仕事をしなかった！　僕はいつか再び仕事をするのだろうか?!?　渾沌とした気分。デイヴィドからの便りはない。僕は完全に見捨てられている。自殺を考える。[97]僕はいつか再び仕事をするのだろうか??!――――――。

1915年2月27日

仕事をしなかった。渾沌とした気分。非常に官能的。自分が孤独だと感じる。自分の仕事のゴールがかつてないほど僕から離れ、見通すことのできない彼方へと遠ざかってしまったように思える！　僕には、勝利を信じ、大胆な希望を持つ気力が欠けている。あたかも、僕はもう偉大な発見をすることなど決してないかのようだ。今ほど、全ての善い霊から見捨てられているようなことは、もう随分長い間なかった。自分自身だけは決して失うな！！

【97】自身の自殺の可能性に関する、日記中で初めての明示的な言及。

――。――。

1915年2月28日

仕事をしなかった。デイヴィドからの便りはない！　はっきりとせず、変わりやすい気分。

1915年3月1日

1915年3月2日

1915年3月3日

仕事をしなかった。昨晩、一瞬閃光〔を見た〕。デイヴィドからの便りはない！――

晩、ショルツのところでくつろぐ。その他の時は、押しなべて渾沌とした気分。

1915年3月4日

仕事をしなかった。道徳的にはさえない。しかし、僕の状況の途方もない困難さについてはわかっている。そして、これまでのところ僕は、それをどのように正していくべきか、まったくわからないでいる。——。

1915年3月5日

今日、僕の相応しいとはいえない地位について、ギュルトと話し合った。まだ決着しない。恐らく僕は歩兵として前線へ行くだろう。＝＝。

1915年3月6日

＝＝。僕の状況は依然として未決定だ。僕の気分は激しく移り変わる。——。

1915年3月7日

＝＝。状況は変わらず。不快。相応しい〔地位への〕変更については、まだまったく【98】不透明だ。今再び、急に強い悪寒が襲ってきた！　まったく嫌な時

【98】バウムは一語判読不能としている。

に！　体調が悪く感じる。いうなれば、僕は心がまいってしまっている。とてもまいってしまっている。これに対して、どうしたらよいのだろうか？？　僕は、吐き気を催すような事態のせいでやつれ果ててしまう。全ての外的な生が、その全ての低俗さとともに僕に突撃してくる。そして僕は、内的に憎悪に満たされて、霊を自らのうちに導き入れることができない。神は愛である。【99】——僕は燃え尽きたストーブのように、燃えかすとごみくずで満たされている。——

————————。

1915年3月8日

状況は未決定！　変化なし！　憂鬱。——

══。——　——。

1915年3月9日

状況は未決定！　══。

気分は、用心深くはりつめているものの、悪い。——

【99】「ヨハネの手紙一」四章一六節。

————————。

1915年3月10日

非常に官能的。決心がつかない。霊〔精神〕において安らぐことがない。══

══。

————————————。

1915年3月11日

仕事をしなかった。状況は変化なし！　不愉快事以外何もない。[100]

————。————。

1915年3月12日

仕事をしなかった。たくさん考えた。状況はまだ未決定。

————————————。

1915年3月13日

同じ状況。僕はまったく決心がつかないでいる。══。————。

【100】三月に入ったころから、筆致が乱れるようになる。三月一〇日前後の数日は、立腹のためか筆致が特に乱暴になっており、数行にわたるような長いダッシュも増える。

1915年3月14日

状況は変化なし！——仕事をしなかった。憂鬱。胸に圧迫を感じる。———。

————。

1915年3月15日

知り合いの一年兵に出会い、彼と僕に起こっている出来事についてじっくり話した。明日、さらにそのことについて話す。今、こうして自分のメモに追いついてしまった。【101】そして依然として僕は仕事をしていない。僕はいつかまた仕事をするのだろうか？？！！——

————。

1915年3月16日

————【102】。

【101】 ウィトゲンシュタインが日記帳の左右の頁に、私事と学問的なメモ（『草稿』のこと）を書き分けていることは既にみたとおりだが、ここでウィトゲンシュタインは、学問的なメモが一向に増えず私事の書き込みばかりが増えていることを嘆いている。すなわち、この日記帳では、当初は見開き右側の頁に学問的なメモがどんどん書きこまれてゆき、左側の頁は空白のままだったのが、一九一四年の年末から学問的なメモが書きこまれるペースが急激に落ち、とうとうこの日に私事を書きこんだ左頁が右頁においついたのである。ちなみに、学問的なメモは三月八日で止まっており、次に書かれるのは三月一八日である。

【102】 とうとうダッシュだけで日記が済まされる日がでてくる。

1915年3月18日

昨日、デイヴィドからのうれしい手紙！——工廠に移動した。デイヴィドに返信した。非常に官能的。

1915年3月19日

今日、ギュルトと僕の未来について話した。喜ぶべき結果はなし。非常に官能的。——。

1915年3月21日

皇帝猟兵[103]のところへ行くことを考える。というのも、フィッカーもそこにいるから。体調は万全ではない。仕事をしなかった。引き続き体調は良くない。——。

1915年3月22日

体調はよくない。晩にかけてましになる。

【103】原語はKaiserjäger。チロル皇帝猟兵連隊のこと。オーストリア＝ハンガリー帝国軍管轄下の歩兵部隊。チロルと名付けられているものの、特にチロル地方の出身者で構成されているわけではない。三月五日には歩兵として前線に行くという希望が書かれていたが、ウィトゲンシュタインが引き続きこのような考えを抱いていたことがわかる。

1915年3月23日

非常に官能的。

1915年3月24日

——。仕事をしなかった！　僕はいつか再び仕事をするのだろうか？？！！！　——。

1915年3月27日

——。——

1915年3月29日

うんざりする！〔周囲の人間の〕低俗さに取り囲まれている！　僕はなんと疲れていることか！

——。——。

1915年3月31日

変わりやすい気分。

1915年4月4日

1915年4月5日

変わりやすい気分。

1915年4月15日

僕はもう、新しいことを何ひとつ思いつかない![104]（ギュルトがここから配置換えになった。）僕はもう新しいことを何ひとつ考えることができない。とはいえ、このことは決して重大な問題であってはいけない。

1915年4月16日

非常に官能的。毎日、自慰する。[105]随分長い間、デイヴィドから便りがない。

【104】『草稿』のほうも、四月六日から一〇日までは書き込みがない。ウィトゲンシュタイン自身が書いているように、スランプに陥っていたものと思われる。

【105】日記原文はO.（暗号上はM.）と略記している。BEEは官能性への言及との関係から、onaniere（自慰する）と読んでおり、ここではこの読みに従う。

仕事をする。―――――

1915年4月17日

仕事をする。

1915年4月18日

非常に冷え込んだ！

1915年4月22日

今は、作業場全体を見渡して監督しなければならない。新たな不愉快事。

1915年4月24日

仕事をする。――。

1915年4月26日

仕事をする。その他の自分の活動は、まったく満足できるものではない。

仕事をする！　工廠で僕は自分の時間を無駄にしなくてはならない！！！

――

１９１５年４月２７日

また仕事をする！　――

１９１５年４月２８日

仕事をする。その他に関しては不調。決して、〔他の〕低劣な人間たちに、自分自身〔ウィトゲンシュタイン自身〕を作り変えさせるな。

１９１５年４月２９日

デイヴィドからのうれしい手紙！

１９１５年４月３０日

仕事という恩寵！　――

１９１５年５月１日

1915年5月5日

1915年5月7日

依然として〔明確な地位に〕任命されない！　僕のはっきりとしない地位のせいで、何度も何度も不愉快事〔が起こる〕。これがまだ長く続くようなら、僕はここから去るための努力をするだろう。

1915年5月8日

1915年5月10日

大いに激昂する！　ほとんど泣きそうになった！！！！　自分が打ちひしがれ、病んでいるように感じる！　低俗さにとりかこまれている。

1915年5月11日

仕事をしなかった。

1915年5月22日

ラッセルからのうれしい手紙！

1915年5月24日

今日、ラッセルが手紙の中で書いていた、老年の論理学者ジェヴィキー【106】と知己になった。感じのよい老人。

1915年5月25日

1915年6月8日

僕の昇進のせいで新たな困難。恐らく、ここから去ることになるだろう。甚だしく恥知らずな仕方で僕を消耗させてくる、周囲の低俗さのために、幾重

【106】Michał H. Dziewicki クラクフの論理学者。

にも非常に意気消沈させられる。——。

1915年6月22日

非常にたくさん仕事をする！　吐き気を催すような環境にもかかわらず！

第3冊

1916年3月〔28日〕〜1916年8月19日

〔失われた前の日記帳からのつづき〕【107】

〔……〕僕から生命を取り去るに違いない。僕は地獄のような苦痛を受けた！　しかしそれにしても、生のイメージは魅惑的だったので、僕は再び生きたいと思った。僕は、本当に自分で服毒したいと思ったときに、はじめて服毒するだろう。

1916年3月29日

不慣れなことをたくさんするように強いられた。これを耐え抜くためには大きな力が必要だ。ときどき、僕は絶望に近づく。僕はもう一週間以上も、まったく仕事をしていない。僕には時間がない！　神よ！　しかし、当たり前

【107】第二冊として訳出した日記帳と、第三冊として訳出するこの日記帳のあいだにはおよそ九か月の間がある。このあいだにも、何冊かの日記が書かれているはずだが、それらは失われている。「テクストについて」（一三五頁）を参照。

のことだが、僕が死んでしまうとして、そのときにも〔もう生きていないのだから〕仕事をするための時間はないだろう。【108】もう点検〔の時刻〕だ。僕の魂はしなびて縮んでいる。神が僕を照らしますように！　神が僕を照らしますように！　神が僕の魂を照らしますように。【109】

1916年3月30日

汝〔ウィトゲンシュタイン自身〕、汝の最善を為せ！　それ以上のことを汝は為すことができない。そして、晴れやかであれ。自分自身に満足せよ。【110】というのも、他の人々は汝を支援することはないだろうし、〔もし支援したとしても〕短い時間だけであろうから！　（その〔短い時間の〕後では、汝はこれらの人々にとって厄介者となるだろう）。汝自身を助け、汝の全力をもって他の人々を助けよ。そして、その際には晴れやかであれ！　しかし、どれだけの力が自分自身のために、そして他の人々のために必要になるだろうか？　善く生きるということは困難だ！！　しかし、善き生というものは美しい。【111】しかし、私ではなく、汝〔神〕の意志が行なわれますように。【112】

【108】前日の日記にみられる服毒自殺への言及からもわかるように、この頃、ウィトゲンシュタインは何度か自殺することを考えていたようである。しかし、土壇場で自らの生への執着に気付き、自殺を踏みとどまったようだ（彼は生の「誘惑」と呼んでいる）。ここでも、彼はあまりの任務の過酷さに、生きのびるための努力を投げ出したいと考えるが、死んでしまったら死んでしまったで、哲学的な仕事をすることはできないと思い至り、まだ生き続けるための努力を継続することを確認している。

【109】斜体部は暗号ではない、通常の文体で書かれている。

【110】バウムは an dir（汝自身に）を andre（他者を）と読んでいるが誤り。

【111】この見解は、「倫理学と美学とは一つである」（『草稿』二六二頁（一九一六年七月二四日）および『論理哲学論考』命題六・四二一）という形で、『論理哲学論考』にも引き継がれている。

【112】「ルカによる福音書」二二章四二節にみられる神に対するイエスの祈り（いわゆる「ゲッセマネの祈り」）から。「父よ、御心なら、この盃をわ

1916年4月2日

具合が悪かった。今日もまだ非常に弱っている。今日、僕の指揮官が、僕を後背地へ送還【113】させたいと言った。もしそんなことが起これば、僕は自殺するだろう。

1916年4月6日

生は一つの〔翌日に続く〕

1916年4月7日

〔承前〕拷問である。人は時おりそこから緊張を緩められるのだが、そのために更なる苦痛に対して敏感であり続けることになる。恐るべき苦痛の組み合わせだ。消耗させる行軍、せき込む夜、泥酔した者どもの集まり、低俗で愚かな人々の集まり。善きことを為し、自分自身の徳に喜びを見出せ。具合が悪く、悪しき生を送っている。神が僕を助けますように。僕は、哀れで不幸な人間だ。神が僕を救済し【114】、僕に平安を贈りますように！　アーメン。

たしからとりのけてください。しかし、わたしの願いではなく、御心のままに行なってください。」（引用は新共同訳による。本文で「御心」を（神の）意志と訳している点については前註【47】を参照。まさにこの祈りに我意と神意の対比が明瞭に現れている。）

【113】バウムはabschicken（派遣する）と読むが、abschieben の誤り。どちらも似た意味だが、abschieben には厄介払いするというようなニュアンスがある。

【114】バウムはerhören（聞き届ける）と読んでいるが、erlösen（救済する）の誤り。

1916年4月10日

苦労しながら生きる。僕はまだ〔神によって〕照らされていない。僕は自分を鏡に映してみた。僕はひどく痩せこけている！　もう長い間、仕事ができていない。

1916年4月13日

依然として暗闇の中で、よろめき[115]、倒れる。まだ生へと目覚めていない。

1916年4月15日

八日もしたら、われわれは砲撃陣地へ行く。どうか、困難な課題の中で自分の生を危険にさらす機会が僕に与えられますように！

1916年4月16日

三月二二日以来、完全に性欲がない。この二日間は休日〔だった〕。

【115】バウムは baumeln（だらりと垂れさがる）と読んでいるが、BEEのように taumeln（よろめく）と読むほうが意味のつながりが良い。

1916年4月18日

明日か明後日、砲撃陣地へ行く。だから気力〔が必要だ〕！　神は助けてくれるだろう。

1916年4月20日

神が僕をより善いものにしますように！　そうすれば僕もより快活になるだろう。今日にはもう、恐らく砲撃陣地だ。神が僕を助けますように。

1916年4月23日

砲撃陣地【116】について数日たつ。一日中、困難な肉体労働。思考できる状態に無い。神が僕を助けますように。途方もなくひどく苦しまなくてはならない。今日、監視所【117】に行く申請をした。分隊の全員が僕を憎んでいる。なぜなら、誰も僕を理解しないから。そして、僕が聖人ではないから！　神が僕を助けますように！

【116】バウムはFeuerstellung（砲撃陣地）ではなくneuer Stellung（新たな配置）と読んでいるが誤り。

【117】原語はBeobachtungsstand。敵兵の動向を監視し、敵からの攻撃に備えたり、味方に攻撃目標を教えたりするための場所。

1916年4月26日

砲兵隊の士官たちは、一見するところ、僕に非常に好意的なようだ。このおかげで、僕はいくつかの不愉快事から免れている。神に感謝します。[118] 汝〔神〕の意志が行なわれますように！　汝はご自身の道を行ってください！　汝の意志が行なわれますように！

1916年4月27日

兵員はわずかの例外をのぞいて、志願兵である僕を憎んでいる。そのため、今僕は、僕を憎む人々によってほぼつねに取り囲まれている。このことが、僕がまだ折り合いをつけることができない唯一の事柄だ。しかし、ここにいるのは邪悪な、心ない人間たちだ。彼らの中に人間性の痕跡を見出すことは、僕にはほとんど不可能だ。僕が生きることを、神が助けますように。今晩、非常呼集がありそうだという予感がした。そして本当に、今晩、緊急配備になる。神が僕とともにいますように！　アーメン。

【118】原語は Gott sei gedankt。直訳すれば「神に感謝がありますように」だが、慣用的には「ありがたいことに」といった程度の意味。新約聖書に何度か登場する表現に由来する（「ローマの信徒への手紙」六章一七節など）。

１９１６年４月２８日

夜は平穏〔に過ぎた〕。ラッセルに手紙を書いた。昨晩は悪い夢を見た。神が僕を護りますように。

１９１６年４月２９日

午後、偵察隊のところへ〔行った〕。われわれは砲撃された。僕は神のことを考えた。汝の意志が行なわれますように！　神が僕とともにいますように。

１９１６年４月３０日

今日、急襲射撃の最中、再び偵察隊のところへ行く。人間は、神だけを必要とする。

１９１６年５月２日

引き続き、人々の低俗さから自分自身の身を護らなければならない。

1916年5月3日

状況は困難だ！　神が僕を護り、僕のそばにいますように。アーメン。どうか、このつらい盃を僕から去らせてください。しかし、汝の意志が行なわれますように【119】。仕事は僕の頭の中で眠っている。

1916年5月4日

恐らく明日、僕自身の願いにより、偵察隊に参加することになる。そうなれば、僕にとって初めて戦争が始まる。そして——恐らくは——生もまた〔始まる〕！　けだし、死の近さが僕に生の光をもたらす。どうか、神が僕を照らしてくれますように！　僕は虫けらだ。しかし、神を通して僕は人間になる。神が僕のそばにいますように。アーメン。

1916年5月5日

僕は、呪われた城の王子のように、監視所に立つ。今のところ、昼間は万事穏やかだが、夜は〔どうなるだろうか〕！　夜は恐ろしいことになるに違いない！　僕はそれを耐え抜くだろうか？？？？　それは今晩になればわかる

【119】一九一六年三月三〇日と同じ新約聖書の箇所からの引用。この間ウィトゲンシュタインは、神の御心こそが行なわれるように、という内容の部分を中心にこの聖句を何度も反芻している。なお、ここで「ルカによる福音書」からの引用とした聖句には、「マルコによる福音書」と「マタイによる福音書」に並行箇所があり、それぞれでイエスの言葉の文言が若干異なる。ルター訳に従う場合、dein Wille gescheheという形は、ルカにみられるものだが、「盃が過ぎ去る」という表現は正確に同じではないがマタイのものである。また、しばしば「汝の意志」と下線で強調されるのは、「私の意志ではなくて、神の意志」という含意だと考えられる。

だろう。神が僕のそばにいますように！！

1916年5月6日

常に生命の危機のうちにある。夜は神の恩寵によって無事に過ぎ去った。時おり僕は弱気になる。これは生についての間違った理解に対する試練だ！[120]〔他の〕人間たちを理解せよ！ 汝〔ウィトゲンシュタイン自身〕が彼らを憎もうと思うときにはいつでも、憎むかわりに彼らを理解するように努めよ。内的な平和のうちに生きよ！ しかし、汝はいかにして内的な平和にたどり着くのか？ ただ、自分が神の意志に適って生きることによってのみ〔内的平和に到達できる〕！ ただそうすることによってのみ、生を耐えることが可能になる。

1916年5月7日

夜は穏やかに過ぎ去った。神に感謝あれ。自分だけが惨めだ。

1916年5月8日

穏やかな夜。神は僕とともに！ 僕が共にいる人々は、低俗であるというよ

【120】「死を前にした恐れは、間違った、つまり悪しき生の最良のしるしである」（一九一六年七月八日、『草稿』二五八頁）、および、本日記中、一九一六年七月二九日の書き込みも参照のこと。後者においては、「間違った生」という着想は、生への執着や罪概念と結びつけられている。

りは、途方もなく狭量なのだ。このことは、彼らと交際するのをほとんど不可能にする。というのも、彼らは永遠に誤解し続けるのだから。人々は愚かではないのだが、狭量だ。彼らは、彼らの集団の中では十分に賢しい。しかし、彼らには徳性が欠けており、それとともに広がりも欠けている。「正しく信じる心は全てを理解する」[121]。今は仕事ができない。

1916年5月9日

今、仕事のための時間と平穏が十分にあったなら。しかし、〔事態は〕まったく動かない。自分の〔思考の〕素材は僕から遠くへ離れていってしまった。死こそが、生にその意味を与える[122]。

1916年5月10日

神の恩寵のおかげで、僕は非常に調子が良い。残念ながら仕事をすることはできない。しかし、汝〔神〕の意志が行なわれますように！　アーメン。危機に際しても、神は僕を見捨てないだろう！！　――――。

【121】ドストエフスキーの『カラマーゾフの兄弟』中の一節「ゾシマ長老の生涯における聖書の意味について」から。

【122】五月四日に続き、ここでも死によって生の意味が際立つ、ないしは、死によって生は初めて有意味なものとなるという思想が書き留められている（やや類似した見解は一九一四年八月一八日にも見られる）。「死は生の出来事ではない。人は死を体験しない。〔……〕われわれの生は、ちょうど、われわれの視野が〔その視野のうちでは〕限界を持たないのと同じように、終わりを持たない」とする『論理哲学論考』（命題六・四三一一）との観点の相違は興味深い。

1916年5月11日

明後日、配置換えがある。とても不都合だ！　しかし、汝〔神〕の意志が行なわれますように。

1916年5月16日

〔配置換えの結果〕第三の配置〔につく〕。これまでと同様、多くの苦難〔がある〕。しかしまた、大きな恩寵〔もある〕。僕はこれまでと同様、弱っている！　仕事をすることができない。今日は、銃火の中で眠る。恐らく死ぬのだろう。神が僕とともにいますように！　永遠に。アーメン。僕は弱い人間だ。しかし、神が僕を今に至るまで保ってきた。神が永遠に讃えられますように。アーメン。僕は、自分の魂を主に委ねる。

1916年5月21日

神が、僕をよりよい人間に仕立てあげてくれますように！

砲撃される。御心のままに〔神が意志するとおりに[123]〕！

１９１６年５月２７日

ミニング[124]と母さんから手紙。今日か明日、ロシアの攻撃があるだろう。今こそ、御心のままに〔神が意志するとおりに〕。僕は非常に深く罪に堕ちた[125]。しかし、神は僕を赦すだろう。

１９１６年５月２８日

ここ何週間かは、睡眠が安らかでない。常に任務の夢を見る。これらの夢がいつも僕を目覚める寸前まで追いやる。この二か月の間で、たった三回しか自慰[126]しなかった。僕を取り巻く環境は、僕の意志に反して、吐き気をもよおさせる。しばしば、彼らは人間ではなく道化であるかのように見える。低俗な、ならず者ども。僕は彼らを憎んではいない。しかし、彼らは僕に吐き気を催させるのだ。今日、緊急配備〔がある〕。僕の指揮官は、僕に対してとても好意的だ。生の目標について考えよ。それは、汝〔ウィトゲンシュタイ

【123】砲撃は恐ろしいが、それが神の意志であるならば受け入れようということ。我意ではなく神意が行われるように、というこれまでの祈りを、現実の危急時にあっても貫徹しようとしている。

【124】ヘルミーネ・ウィトゲンシュタイン。ウィトゲンシュタインの姉。

【125】ウィトゲンシュタイン自身の「罪」ということが語られるのは、この日記ではここが初めて。鬼界彰夫が、『哲学宗教日記』は自己の罪の自覚とその浄化を目指す「宗教・倫理的行為の記録」（同書、二八六頁）であったと指摘するように、自らの罪の自覚と告白、そしてその赦しや救いという思想は、この後のウィトゲンシュタインの思想の発展の中で重要な意味を持ってくる。本日記中では、この後、二度「罪」という言葉が登場する（一九一六年七月二九日、八月一一日）。このうち、後者は罪の概念を生への執着や救済の可能性と結びつけている点において重要である。また、『草稿』中の、「自殺とは、いわば基本的な罪 die elementare Sünde である」とする一九一七年一月一〇日の書き込み（『草稿』、二八八頁）も併せて参照のこと。

【126】一九一五年四月一六日の記述同

ン自身〕がなすことができる中で、なお、最善のことだ。僕はもっと幸福でなければならない。ああ、僕の霊〔精神〕がもっと強かったなら！！！
今こそ【127】、神は僕とともに！　アーメン。

１９１６年５月２９日

神は僕とともに。

１９１６年７月６日

先月は、大変な辛苦があった。僕はあらゆる可能な事態についてたくさん考えた。しかし、奇妙なことに、自分の数学的な思考過程と繋がりをつけることができない。

１９１６年７月７日

しかし、繋がりはつけられるだろう！　言われえないことは、言われえないのだ【128】！

様、原文はo.（暗号ではm.）と略記している。

【127】BEEはnur（～だけ）と読むが、nun（今、今こそ）。

【128】原文はWas sich nicht sagen läßt, läßt sich nicht sagen!　この日記の書き込みと、「ひとがそれについて話すことができないようなことについては、沈黙しなければならない Wovon man nicht sprechen kann, darüber muß man schweigen.」とする『論理哲学論考』の最後の命題との内容的な類似は明らかであろう。この命題は同書の序文において次のように先取りされている。「この本の全体としての意味は、例えば次のような言葉でまとめることができるだろう。およそ言いうることは、明晰に言いうる。語ることができないことについては、ひとは沈黙しなければならない。Man könnte den ganzen Sinn des Buches etwa in die Worte fassen: Was sich überhaupt sagen läßt, läßt sich klar sagen; und wovon man nicht reden kann, darüber muß man schweigen.」

1916年7月8日

残念、残念だ！　僕には仕事をするための休息がない！

1916年7月9日

〔他の〕人間たちに腹を立てるな。〔確かに〕人間どもは陰湿な卑劣漢だ。しかし、汝〔ウィトゲンシュタイン自身〕は彼らに腹を立ててはならない。彼らの言葉が汝自身のうちに突入するようなことがあってはいけない。彼らが汝に話しかけないならば、平静をまもることはまだ容易である。しかし、彼らが汝に対して無礼で粗暴になるとき、怒りが汝の中で湧き立って来る。腹を立てるな。立腹は、汝にとって何の役にも立たない。【129】

1916年7月14日

仕事という恩寵。

1916年7月16日

恐ろしく酷い天候。山中、〔環境は〕劣悪で、まったく不十分にしか護衛さ

【129】　BEEはこの日の書き込みのうち二か所を一人称代名詞で読んでいる（「彼らが僕に話しかけない」、「怒りが僕の中で」）が、原テクストを見る限り、この日の書き込みは全て自分自身への語りかけとして、二人称代名詞を用いて書かれている。また、立腹の問題については前註【73】も参照のこと。

れていない。凍てつく寒さ、雨、そして霧。苦痛に満ちた生。自分自身を失わないでいることが、恐ろしいほど困難だ。というのも、僕は確かに弱い人間なのだ。しかし、霊は僕を助けてくれる。僕が今、病気だったら一番よかったのだが。というのも、そうであれば、少なくとも少しは休息をとることができただろうから。

１９１６年７月１９日

僕は依然として腹を立てている。僕は弱い人間だ。

１９１６年７月２０日

汝自身が善いものとなるように、ただひたすら仕事を続けよ。

１９１６年７月２４日

砲撃される。そして、砲撃のたびに僕の魂はすくんでしまう。僕は、まだこれからも生き続けたい！

1916年7月26日

デイヴィドから感動的な手紙。彼は、兄弟がフランスでたおれたと書いている。なんということだ！　このうれしい友情のこもった手紙は、いかに僕がここで追放の身であるのかということについて、はっきりと僕に自覚させた。もしかしたらそれは自分のためになるような追放なのかもしれないが、ともかく、僕は今それを追放と感じる。僕は化け物たちのただ中に追放され、この化け物たちとともに吐き気を催すような状況の中で生きなければならない。そして、この環境のなかで、僕は善き生を送り、自分自身を純化しなければならないのだ。しかし、それは恐ろしく困難だ！　僕はあまりにも弱い。僕はあまりにも弱い！　神が僕を助けてくれますように。

1916年7月29日

昨日、砲撃を受けた。弱気になった！　僕は死への不安を感じた！　僕は今、なんとこんな願いを抱いている。生きたい！　そして、ひとたび生に執着するなら、それを放棄することは容易ではない。それこそまさに「罪」であり、非理性的な生であり、生についての間違った理解である。[130]　僕はときおり動物

【130】　ここでウィトゲンシュタインは現身〔うつしみ〕の生への執着と、霊的な生への渇望との間で葛藤している。「罪」と「間違った生」については、前註【120】、【125】も参照のこと。「真の生」「間違った生」は、それぞれトルストイの『要約福音書』の第五章および第六章のタイトルでもある。

になる。そのときには、僕は食べること、飲むこと、眠ることの他は何も考えることができなくなる。恐ろしいことだ！　つまり、僕は動物のように、内的な救済の可能性を持たずに、苦しむ。このときには、僕は自分の情欲や嫌悪感にゆだねられている。そうなれば、真の生についてなど考えるべくもない。

1916年7月30日

可笑しいことに、今日僕は、糧食支給を受けている歩兵隊で、当初配給される見込みであった士官用の糧食を貰えないことに腹を立てている。つまり、僕は最高度に子供っぽく、無作法に振る舞っている。しかし、わかってはいても、僕は被った不正に対する立腹を制御することができない。何度となく、僕はこの不正について、そして、それに対していかなる手を打つことができるのかについて考えてしまう。人間とはそのように愚かなものだ。

1916年8月6日

三日後、鉄道に乗り、砲撃陣地に向かって行軍する。最善の健康状態ではないし、僕をとりまく人々の狭量さと低俗さのために魂に関しては病んでいる。

神よ、僕に魂の病に抗うための力と内的な強さを与えよ！　神が僕をほがらかな気分に保ちますように。

１９１６年８月１１日

罪に沈んで生きる。つまり、不幸だ。僕は機嫌が悪く、喜びもない。僕を取り囲む全ての人々と仲たがいしている。

１９１６年８月１２日

汝〔ウィトゲンシュタイン自身〕は、幸福に生きるために何をしなければならないのかを知る。なぜ、汝はそれを為さないのか？　それは、汝が非理性的だからだ。悪しき生とは、非理性的な生だ。立腹しないことが肝心だ。

１９１６年８月１３日

僕の弱い本性に対して、なお空しく戦う。神が僕を力づけますように！

1916年8月19日

低俗さに取り囲まれている！　近いうちに戦線の後方の幹部のところへ行くことになっている。このことを嬉しく思う。低俗さに取り囲まれている。神は助けてくれるだろう。

〔1916年9月12日〕

憂鬱だ。孤独だ、孤独だ！　神に感謝あれ。ロース【131】は生きている。【132】

〔1916年10月8日〕

苦しい。

全体としてみればいくつかよい点はあるのだが、一つひとつの点においては悪い。【133】

【131】 アドルフ・ロース。ウィーンの建築家で、ウィトゲンシュタインは一九一四年にフィッカーを通してロースと知り合った。

【132】 八月一九日の書き込み以来、ウィトゲンシュタインは暗号で日記をつけておらず、日記帳見開き右頁の哲学的考察だけを書き進めていた。このため、日記帳の左頁は空白が続いたが、右頁の九月一二日の書き込みの左側に、突如この書き込みが現れる。

【133】 右頁一〇月八日の書き込みの左側に書かれる。斜体部は暗号ではなく通常の文字で書かれている。生活のことを言っているのか、思索のことを言っているのかは不明。

テクストについて

今回訳出した『秘密の日記』はウィトゲンシュタインの死後、長い時を経てから公刊されたテクストである。出版に至るまでには幾つかの曲折があり、また、出版後にもその意義や正当性がしばしば厳しく問われてきた。その具体的な内容については、後に簡単に触れるとして、まずは訳者が見出した限りでのこの出版の意義について簡潔に述べておきたい。というのも、なおこのような出版に疑問を持つ向きがあるかと思われるからである。第一に、本テクストは人間ウィトゲンシュタイン、ないしは彼の生と哲学の関係を知るうえで非常に重要な資料である。このことは、実際に多くの研究が上記のような関心からこのテクストを参照していることからもわかる(1)。しかしながら、このテクストは容易に参照できるわけではない。電子化されたウィトゲンシュタインの遺稿集(2)を閲覧できる図書館は本邦では少なく、ヴィルヘルム・バウムによるテクストの翻刻版も近年まで絶版になっていた(3)。英訳もいまだ存在していない。研究上重要ではあるが参照するのがむつかしいテクストを翻訳し、より広い読者の関心に供することには、一定の価値があるだろう。以下、この解説では訳者が翻訳を依頼された際に調べたことに基づき、このテクストの素性、これが「秘密の」テクストとして公刊された経緯、そしてなぜそれが「秘密」とされなければならなかったのかについて簡単に説明したい。

テクストは遺稿番号MS一〇一～MS一〇三として知られる三冊の日記帳の一部である。これらの日記帳の一部は、ウィトゲンシュタインの遺稿管理人の編集により一九六〇年に『日記一九一四–一九一六』として著作集の第一巻に収録され、出版された。(4) これは一九七五年に奥雅博によって翻訳され、邦語訳全集の第一巻に『草稿一九一四–一九一六』として収録されている。(5) なぜこの「日記」(6) からの抜粋をあえて「草稿」と訳したのかについて、翻訳者の奥は特に言及していないが、この部分の内容を踏まえるときその理由を推察することはできる。それはいわばウィトゲンシュタインの思索ノートだったのだ。彼には、日々行った哲学的思索の成果をノートに日付とともに書き入れていく習慣があった。これらの書き込みは決して体系だったものではなく断片的で、短いものでは数行に満たない。ウィトゲンシュタインは、自らの思索に一定の見通しを得ると、これらの書き込みを参照しながら、新たにテクストを書き下ろした。彼は、ここから公刊するための最終的な原稿を仕上げていったのである。(7) 一九六〇年に公刊された日記帳からの抜粋は、まさにウィトゲンシュタインが『論理哲学論考』の原初的なアイディアを書き留めた部分であり、内容的には確かに『論理哲学論考』の「草稿」に相当する。この部分が比較的早い時期に遺稿の中から公刊されたのも、それが『論理哲学論考』を研究する人々の助け」になると考えられたからであった。(8)

さて『秘密の日記』は、この同じ日記帳のうち、当初公刊を差し控えられた部分に相当する。公刊された部分とこの秘密とされた部分には幾つかのはっきりとした差異が存在する。まず、前者は基本的に哲学的な事柄をその内容とし、日記帳の見開きの右側の頁に書きこまれている。これに対し、後者は本訳書を見てわかる通りごく私的な事柄をその内容とし、見開きの左側の頁に暗号で書かれている。つまり、ウィトゲンシュタインは——少なくとも一九一六年のある時期に至るまでは[9]——、自覚的に一つの日記帳の中に二種類の異なる日記を書き入れていたといえる。このような史料を前にしたとき、遺稿管理人たちはその哲学的な部分のみを公表し、かつ、私的な部分については可能な限り隠匿しようとした。彼らは出版に際して暗号で書かれた左頁に言及しないばかりか、あたかもそのようなものが存在しないかのように振る舞ったのだ。彼らは編集者序文に次のように書いている。「われわれは、これらのノートの中のごくわずかの部分しか省略しなかった。省略されたのはほとんどの場合、記号表現のスケッチで、それらは解釈できないか、さもなければつまらないものであった[10]」。こうして、三冊の日記帳の見開き左頁部分は隠された「秘密の」日記となったのである。

注意しなくてはならないのは、これが「秘密の」日記であるのは、必ずしもそれが暗号を用いて書かれていたからではない、という点である。確かにウィトゲンシュタインが暗号を用いたのは、他者に読まれないようにするためであった。彼はこれらの日記を従軍中に書いたが、例えばそこに書かれた戦友に対するあけすけな批判や侮蔑の言葉を彼らに読まれるわけにはいかなかった。この意味で、確かに暗号は情報を読み取られないようにするために用いられている。

しかし、そもそも、ウィトゲンシュタインはこれらの日記帳のいかなる部分も公刊されることを望んではいなかったのだ。ウィトゲンシュタインは死がさし迫った晩年、自らが書いた様々な原稿類の整理を行った。この結果、遺稿管理人の手に委ねられたものを除いて、「彼の著作活動の全ての時期に属する、〔後の著作の〕準備作業をも含んだノート類の大部分は、一九五〇年には彼の命によって破棄された」[11]。これら三冊の日記帳は、たまたまウィトゲンシュタインの姉の家に保管されたため、破棄を逃れたのである。だからこそ遺稿管理人たちはこの日記帳の哲学的な部分を出版するに際して、殊更に『論理哲学論考』の研究の進展のためという目的を添える必要があったのだ。つまり、この意味では本来一九六〇年に公刊された部分も秘密だったのである。

また、暗号の使用ということについても考えてみる必要がある。この暗号というのは極めて簡単に解読できるものであった[12]。そして、イルゼ・ゾマヴィラも指摘するように、ウィトゲンシュタインはこの暗号を他者の目を避けるためだけではなく、しばしば重要な着想を「急ぎ足のうわべだけの読者がすばやく読んでしまうことから護る」ために用いている[13]。つまり、彼は読者の目から本質を隠すためだけではなく、読者を選び、その読者の注意を惹くためにもまた暗号を用いたのだ[14]。このことはもちろん、「秘密の日記」の内容が全て注意深い読解を要する重要な内容であることを保証するわけではないが、われわれを次の問いへと連れ戻す。すなわち、そもそもウィトゲンシュタインは何故、一見するところ書かなくてもよいような、もっと言えば書かないほうが良かったのではないかと思われるような内容を、あえて記録したのかという問いだ。彼は果たして隠したかったのか、それとも露わにしたかったのか。

この問いに対する答えは単純ではない。ウィトゲンシュタインは一九二九年の終わりにノートに次

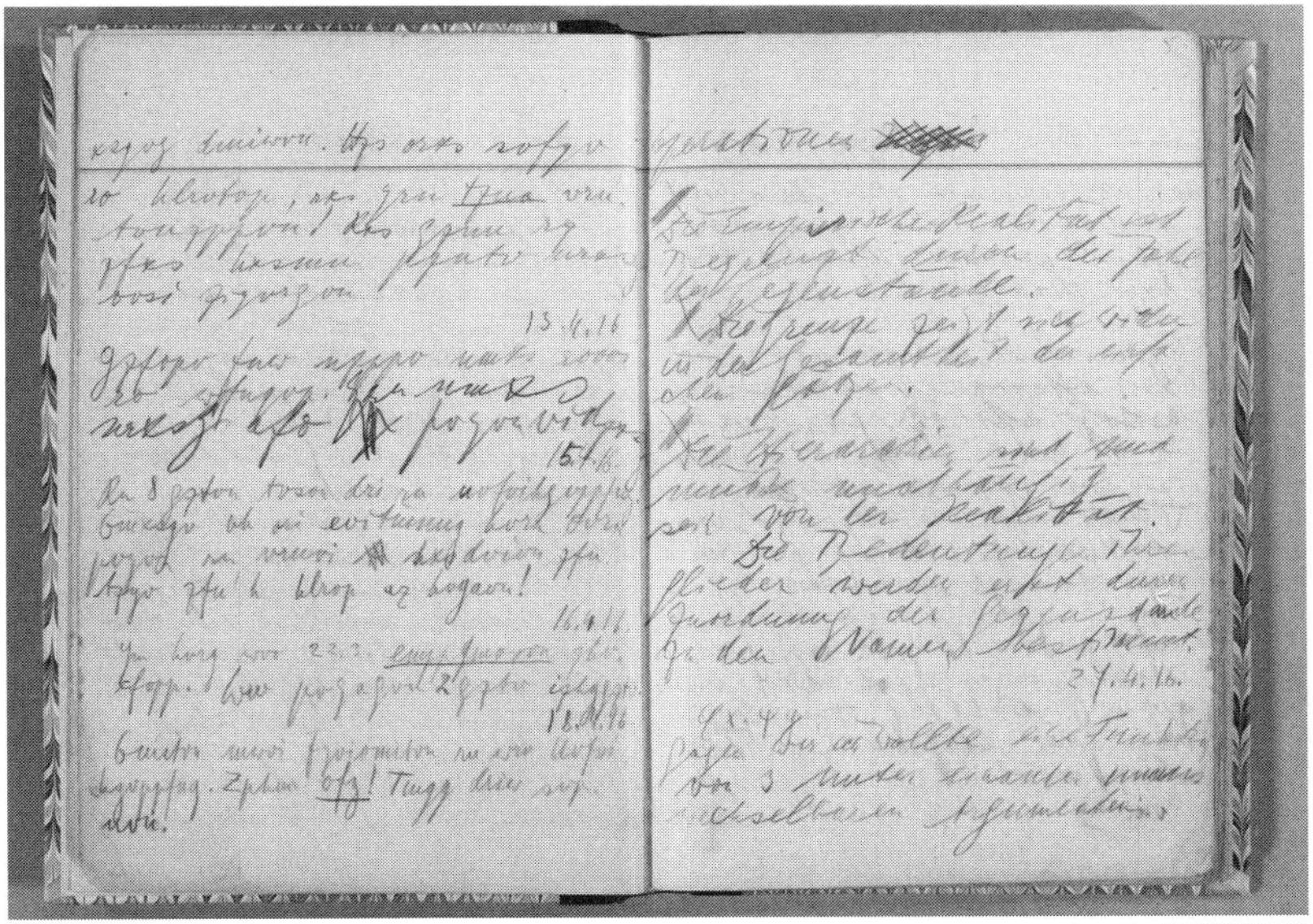

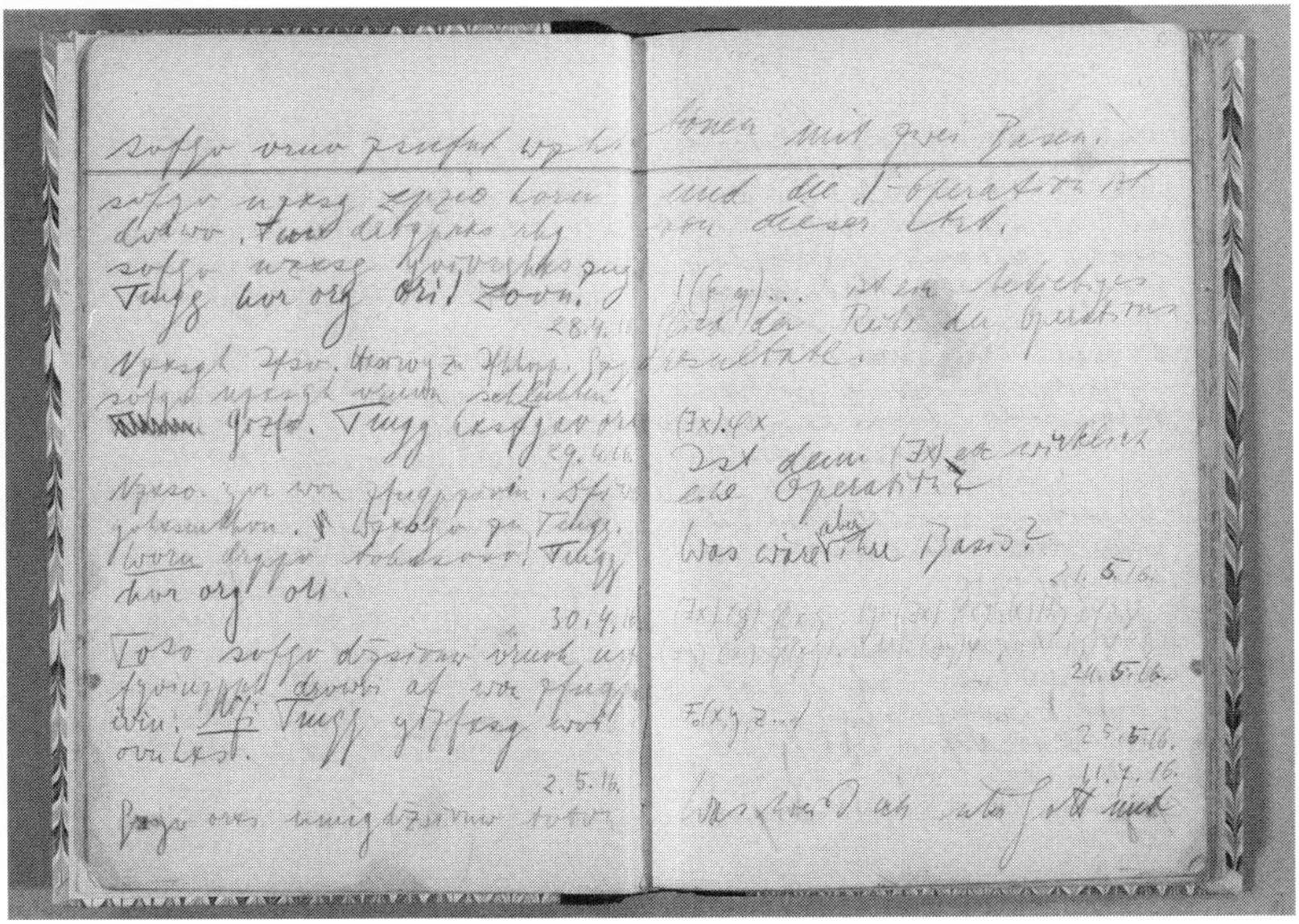

ウィトゲンシュタインの『草稿』と『秘密の日記』

ノートの見開き右側に哲学的な思索が書き込まれ、左側に暗号で私的な事柄が書き込まれている。

のように書いている。「僕の中の何かが、自分の伝記を書くよう話しかけてくる。そして、確かに、僕は自分の生を一度開け広げ、自分自身の眼前に、そしてまたほかの人々のためにも明瞭にしておきたいと思う」[15]（強調は引用者）。そして、実際にこのような内なる声の呼びかけに応じるかのように、彼は一九三〇年の四月に「いくばくかの勇気なしには、一度たりとも人は自分自身に関するまともな考察を書くことはできない」という書き出しで、いわゆる『哲学宗教日記』を書き始めている。ここからいくつかの文章を抜き出してみたい。「お前が何なのかを暴き出せ」（同書七四頁）。「私の自己叱責的な考察の中で、それでもやはり自分の欠点を自分で見つめるのは素晴らしいことだ、という感覚をまったく抜きにして書かれているものは、ほとんど一つとしてない」（同書九六頁）。つまり彼は——とりわけ明示的には一九二九年の冬以降——、自分自身の正体を自分に対して、そして他者に対して暴露したいという衝動を抱えていたのだ。

以上のことから、「秘密の日記」の「秘密」性の背景が明らかになる。第一に、日記帳のうちのこの箇所をとりわけ秘密としたのは、ウィトゲンシュタイン本人であるというよりは、これを秘匿した遺稿管理人、ないしはそれを翻刻し「秘密の日記」と題して公刊したバウムだった。第二に、ウィトゲンシュタインが日記帳に私事を記録したのは、彼自身このことが必要であると考え、また彼の生にとって重要であったからだ。一点目に関して、遺稿管理人たちがとった「鋼鉄製の金庫の扉」にも比される閉鎖的な態度はしばしば批判の的となった[16]。しかし、ウィトゲンシュタインのテクストが形式的にも内容的にも様々な解釈を惹起するものであったこと、この「秘密の日記」に書かれた内容が悪感情の無制限の発露や性生活の記録を含むものであったことなどを考えるとき、遺稿管理人が彼を〝守ろう〟としたのも首肯できる。とはいえ、ウィトゲンシュタイン研究をめぐる状況は、彼らが遺稿の管理を託された時代から大きく変わった。いわゆる分析哲学分野での目覚ましい理論的進展は彼を哲学史上の人物とし、また、一九九〇年頃相次いで刊行された浩瀚な伝記は人間ウィトゲンシュタインの興味深い側面を明るみに出した。以降現在に至るまで、人間ウィトゲンシュタインや彼の生と哲学との関係といった問題に対する関心はますます増大している。[17] 以下にみるように、「秘密の日記」の内容が上記のような関心にとって重要な史料であり、また、電子版の遺稿集の刊行により既にすべての史料が公刊されたことを踏まえるとき、このテクストに付されてきた「秘密」性は既に実質的に取り除かれているといえよう。

このことを踏まえて、ウィトゲンシュタインが自己について記述することの意味をさらに考えてみたい。そこから本訳書の意義の一端が見えてくるだろう。ウィトゲンシュタインにとって、このように私事のとりわけ醜い部分を書き留めておくことは、第一に、自己を客観視するために必要であった。明晰な頭脳を持ちながら、激しやすく、時として不安や抑鬱に否応なく呑まれてしまうウィトゲンシュタインにとって、自分自身を客観視するということは容易でなかった。怒りや情欲、抑鬱に囚われた状態について記録し、恐らくは自分で読み返すことで彼の自己認識は明らかに増進している。彼が一九二〇年以降、しばしば自らが見た夢について記録し分析するのも、自分自身の中に理性では理解することも統御することもできない部分が存在することを強く意識しているためだろう。しかし、このような自己認識の増進は、必ずしも認識された欠点の克服を意味しない。例えば、彼は一九三八年になってもなお、立腹し、他者を軽蔑してしまうことから逃れられないのだ。こうして、このような自己の欠点は罪として理解されるようになる。このような罪を彼は告白し、これについて赦しを受け、救われなくてはならないと感じる。彼が自らを他者に対して暴露しなくてはならないと考えるのは、このような意味においてである。このような自己告白と救済への強迫的な衝動は、『哲学宗教日記』の中に見ることができる。

翻って一九一四年に書かれた本訳書に立ち戻ってみたい。これらの日記帳においては、いまだ罪の自覚やその告白、救済といったことはほとんど主題となっていない。[18] しかし、彼が記している動機は、『哲学宗教日記』との強い連続性を示している。「ただ一つのことだけが必要だ。自分に起こるすべてのことを観察することができるということ。集中せよ〔自分自身を集めよ SICH SAMMELN〕! 神が僕を助けますように!」(一九一四年八月二五日)。ここでも、自己の内外に起こることの徹底した観察の必要性が示されている。さらに、強調体をもちいて「集中すること〔=自己自身を集めること〕」が課題とされていることにも着目したい。この表現は慣用的には集中すること、心を落ち着けることなどを意味し、ここでも差し当たってはこうしたことを意味する。しかし、恐らくここでの意味はこのような慣用的な用法を超え出る。というのも、日記帳全体を眺めるとき、ウィトゲンシュタインが SICH つまり自己自身を保ってゆくことに、非常に苦心していることがわかる。それは、彼がいうところの低劣な環境のために、ともすれば零れ落ち、失われてしまうのだ。彼は、自分というものが失われ自分ではなくなってしまう危機を感じていた。だからこそ、彼はしばしば一人になって思いを凝らし、それをかき集め、保持しなければならないと感じたのだ。[19] このような自己自身をめぐる闘争が、この日記帳全体を規定している。こうした自己との困難な関係が、他の人間や神、そして彼が霊（精神）と呼ぶところのものとの関係、さらには戦闘における自らの死との接近を通して克明に描かれているところが、本訳書の見どころの一つである。

最後に、「秘密の日記」のテクストの発見と出版の経緯について簡単に説明しておく。バウムは当初、日記帳の隠された部分の存在を知らずに、遺稿管理人に史料の閲覧を申請したらしい。[20] これが許可されると、この史料の「使用許可」を「出版許可」に拡大解釈してこの史料の翻刻と刊行を始めた。当初は、彼が重要だと思った部分を抜粋する形でごく一部のテクストを公刊したが、[21] 後に遺漏なくテクストの全部を出版した。[22] その際バウムは、テクストの完全な形での出版をスペインで行ったが、これは遺稿管理人がバウムの活動を妨害したためであるといわれる。さて、同時期にウィトゲンシュタインの伝記的事実をめぐってもう一つの問題が浮上していた。ウィリアム・バートリーが一九七三年にウィトゲンシュタインの小伝を発表した際、その中でウィトゲンシュタインが同性愛者であったことに言及した。このことに、一部のウィトゲンシュタイン研究者が激しく反発したのだった。バートリーは、それらの抗議に対して、「秘密の日記」を含むウィトゲンシュタインのいくつかの未公刊の手稿をもって自説を根拠づけた。バウムはこの機に乗じ、一九一四年から一六年までの日記帳にはウィトゲンシュタインの同性愛を具体的に証拠立てる記述はないと主張することで「秘密の日記」の出版を正当化しようとしたのだ。バウムは、一九九一年にようやくドイツ語圏で「秘密の日記」の全体を公刊することにこぎつけるが、暫くするとこれも絶版となった。このテクストが最近になってバウムの著作に再録されたことは既に凡例の註【2】(五頁)でみたとおりである。ただし、この最新の版ではウィトゲンシュタインの性生活に関する記述が、私的であることを理由に削除されている。現在でも、一部の研究者はバウムを黙殺しており、その場合、彼らが「秘密の日記」のテクストを参照する際には、遺稿番号と日付が用いられる。

ほとんど全ての秘密が解消した今、こうした様々な偏見と思惑に満ちた経緯を取り上げることは単に気を滅入らせるばかりでなく、そもそも蛇足であるかもしれないが、ここから少なくとも一つのことを学ぶことはできる。すなわち、人々は、その都度自分が隠すべき、ないし恥ずべきことと考えているものを、秘密としてきたのである。遺稿管理人は、ウィトゲンシュタインの私生活を、バウムは当初は同性愛を、そして後には具体的な性の営みを。既に述べたように、ウィトゲンシュタインが、原初的な哲学的着想も含めて、全てを破棄しようとしていた以上、後世の人々が自らの価値基準によって隠すべき内容とそうでない内容を区別することは不適切であろう。誰がウィトゲンシュタインにとって、日々の性衝動が憎しみの無制限の発露よりも恥ずべきことであったなどと断定することができるだろうか。また、このような区別は研究上の不利益にもつながる。例えば、この日記中の性衝動に関する記述の意義について、二人の著名な伝記作家の評価は対立している。すなわち、マクギネスは「ウィトゲンシュタインの〔……〕官能的生活に〔……〕何か重大な要素が隠蔽されているとはとうてい思われない」[23]としているのに対し、モンクは、「自慰欲と研究意欲はともに、彼が完全な意味で生きていることを明確にしている証であったことが彼の日記〔「秘密の日記」〕から読み取ることができる。彼にとって性欲と哲学的思索とは複雑な形で結びついていた」とすら言いうるかもしれないとしているのだ[24]。同じ史料から様々な見解が生じる以上、編集者が独断的にテクストの取捨を選択することの弊害は大きいといえる。

以上のような理由から、本訳書では「秘密の日記」とされる部分のうち、読み取ることが可能な部分は全て訳出した。対象となった三冊の日記帳の他にも、三冊ないし四冊の日記帳があったと考えられているがそれらは現存していない[25]。現存する三冊のうち二冊は時期的に連続しているが、二冊目（MS一〇二）と三冊目（MS一〇三）は連続していない。また、これまでに説明したことからわかる通り、訳者は本訳書をある種の秘密の暴露としては理解していない。秘密は既に存在しないのだ。様々な読み方が可能なテクストではあるが、訳者としては、可能であれば邦訳全集に『草稿』として収められている日記帳の右頁と併せて読まれることを願う。そうすることによってウィトゲンシュタインの思索の展開をつぶさに追うことができるし、なにより両者はそもそも一つの史料であるからだ。なお、翻訳上の問題点などに関しては逐一註に記した。

註

(1)代表的なものとして、マクギネスやモンクの伝記を挙げることができる。どちらも権威のある伝記だが、当該時期に関する記述においてはこの史料が大いに活用されている（ブライアン・マクギネス『ウィトゲンシュタイン評伝』（藤本隆志他訳、法政大学出版局、一九九四年）、レイ・モンク『ウィトゲンシュタイン一』（岡田雅勝訳、みすず書房、一九九四年））。また、日本における標準的な入門的テクスト（例えば、鬼界彰夫『ウィトゲンシュタインはこう考えた』（講談社、二〇〇三年）や『哲学の歴史一一巻』（飯田隆編、中央公論新社、二〇〇七年）のウィトゲンシュタインの項目）もこの史料からいくつかの記事を引用している。

（2）Ludwig Wittgenstein, *Wittgenstein's Nachlass, Bergen Electronic Edition*, Oxford: Oxford University Press, 2000.

（3）Ludwig Wittgenstein, *Geheime Tagebücher 1914-1916*, Herausgegeben und dokumentiert von Wilhelm Baum, Wien: Turia u. Kant, 1991.

（4）Ludwig Wittgenstein, *Schriften*. Band 1, Frankfurt am Main: Suhrkamp, 1960.

（5）『ウィトゲンシュタイン全集一』大修館書店、一九七五年、一二一–二八九頁。

（6）ウィトゲンシュタイン自身はこれらの日記帳にタイトルを付すことはなかったが、初版以降ドイツ語ではTagebücher、英語ではNotebooksと呼ぶのが慣例となっている。

（7）このようなウィトゲンシュタインの思索と執筆の過程については例えばモンク、前掲書、三三八頁や、鬼界彰夫、前掲書、第一部を参照。

（8）"Editors' Preface", in: Ludwig Wittgenstein, *Notebooks 1914-1916*, edited by G. H. von Wright and G. E. M. Anscombe with an English translation by G. E. M. Anscombe, New York: Harper & Brothers, 1961, p. v.

（9）一九一六年夏頃から、それまでは暗号で書かれていた神や生についての考察が、日記帳右頁に侵出してくる。『ウィトゲンシュタイン全集一』二五二頁以下を参照。

（10）"Editors' Preface", pp. vi.　続く文で編集者はウィトゲンシュタインの論理式における記号使用について言及するがそれはもはや内容的に省略には関係していない。加えて、ウィトゲンシュタインの遺稿管理人たちは一九六七年に全遺稿の写真版を作成し、公刊した際、左頁を覆い隠した。

(11)Ibid.

(12)暗号は、aとz、bとy、cとx、dとw、……というように、アルファベットを逆順に対応させて入れ替えていくという単純なものであった。ただし、iとjは共にiとして一文字で扱われるため、nは暗号でもnのままとなる。これに従えば例えば、Gott〔神〕はTmggと表記されることとなる。

(13)『ウィトゲンシュタイン哲学宗教日記』鬼界彰夫訳、講談社、二〇〇五年、一二頁。ウィトゲンシュタインは一九一四年の段階で既にこの暗号の使用になれていたようだ。彼は、一冊目の日記帳（MS一〇一）の一九一四年八月一五日の書き込みから暗号を用い始める。この時、マクギネスも指摘するように、ウィトゲンシュタインの筆致に変化はないように見える。マクギネス、前掲書、三六三頁を参照。

(14)ウィトゲンシュタインの暗号の使用について、さらに詳しくはIlse Somavilla, "Verschlüsselung in Wittgensteins Nachlass", in: *Language and World. Part One. Essays on the philosophy of Wittgenstein*, ed. by Volker Munz (Heusenstamm: ontos verlag, 2010), pp.367-386.

(15)MS 108. p. 47. モンク、前掲書、二九九頁以下も参照。

(16)Cf. Kurt Oesterle, "Die Editions-Operette. Der Kampf um Wittgensteins Nachlaß geht weiter", in: *Die Zeit*, 8. Januar 1993 (Online: http://www.zeit.de/1993/02/die-editions-operette 二〇一五年五月アクセス確認). ツァイト誌はこの記事で、ウィトゲンシュタインの遺稿の管理をめぐる状況を外部の視点から批判的に報じている。

(17)かつてはいわゆる「人間ウィトゲンシュタイン」への関心は抑制されたものであった。『草稿』の翻訳者、奥も「「人間」ウィトゲンシュタインに対してアンバランスな関心を示すことは、思想家に対するに、彼の書斎を覗くことよりもっぱら御勝手に興味を示すことにも通じかねない」と述べることで、学問的理解が十分に進む前にこうした関心が増大することに懸念を示していた（『ウィトゲンシュタイン全集一』三九四頁）。しかし、現在では事情は大きく変わっている。ウィトゲンシュタインの生への関心の高まりについてはJames C. Klagge (ed.), *Wittgenstein. Biography and Philosophy* (Cambridge: Cambridge University Press, 2001) を参照されたい。この書は一九九九年に行われた同題の学会に基づく論文集で、その序文はまさにこのような関心の増大を伝えている。

(18)今回訳出したテクストの中では、唯一、一九一六年七月二九日に罪とその救済について論じている。また、一九一四年の秋ころから学問的に解決を与える決定的な着想を、「救済する言葉」と呼んでいる。後者の用法については、日記帳右頁にも数か所見られる。また、日記帳右頁の一九一七年一月一〇日付の記事では、「基本的な罪」としての自殺について論じられている。本文註【76】(六二頁)も参照のこと。

(19)例えば一九一四年一一月一二日の日記を参照。

(20)以下本文における経緯の粗描は、Oesterle の論文、バウムによる言及に加え、ウィリアム・W・バートリー『ウィトゲンシュタインと同性愛』(小河原誠訳、未来社、一九九〇年)に基づく。

(21)Wilhelm Baum, "Wittgenstein: Das Christentum als einzig sicherer Weg zum Glück. Neue Quellen zur nagativen Theologie im ›Tractatus‹", in: *Zeitschrift für katholische Theologie*, No.105, 1982, pp. 191-195.

(22)Wilhelm Baum, "Diarios secretos de Ludwig Wittgenstein", in: *Saberm*, No.5, 1985, pp. 24-52; No.6, 1985, pp. 30-59.

(23)マクギネス、前掲書、三六二頁。

(24)モンク、前掲書、一二六頁。

(25)マクギネス、前掲書、三六二頁、四四四頁。

解説

戦場のウィトゲンシュタイン

星川啓慈
石神郁馬

凡例

一、引用文の「……」は「中略」を意味する。
一、引用文の〔 〕は著者たちの補足を表わす。
一、引用文の傍点は強調を表わす。
一、邦訳の欧文文献の引用にさいしては、訳文をまったく変更しない箇所もあれば、用字など一部のみを変更した箇所もあれば、原文を参照のうえかなり変更した箇所もある。
一、ウィトゲンシュタインの『秘密の日記』からの引用は、すべて丸山訳による。
一、巻末の「引用・参考文献」に掲載されている文献が註で取り上げられた場合、詳しい書誌的情報は割愛する。

第1章 第二次世界大戦

ウィトゲンシュタインの戦争への言及

ウィトゲンシュタインは折りにふれて戦争について語っている。彼の教え子で回想録を書いたマルコムへの書簡（一九四五年）には、次のように認めている。

〔君の〕戦争が「退屈」であるということについて一言いいたい。……私が、この戦争〔第二次世界大戦〕でも——もし眼を見開いていれば——人間存在について実に多くのことが学べると信じざるをえない、といっても赦してもらいたい。（強調原著者、マルコム『回想のヴィトゲンシュタイン』）

『論理哲学論考』（以下『論考』とも略記）の多くの部分は、従軍中に書かれたノートをもとに完成されたが、マルコムはウィトゲンシュタインとの語らいを次のように回想している。

ウィトゲンシュタインと私が、第一次世界大戦中の彼の軍隊生活について話し合ったとき、彼は「一度も退屈したことがない」と強調し、さらには「軍隊生活が嫌いではなかった」とさえいったと思う。彼は、どのようにしてノートをリュックサックに潜ませ、どのようにして機会あるたびにその最初の書物『論理哲学論考』を形作った諸思想をその中に書きとどめたのかを、話してくれた。（マルコム『回想のヴィトゲンシュタイン』）

さらに晩年（一九四七年）、ウィトゲンシュタインは戦争について、傾聴すべき指摘をしている。

学問＝科学と産業は、限りなく嘆いたのちに、そして限りなく嘆きながら、世界を統一するのではないだろうか。世界を一つのもの――つまり平和がもっとも顔を見せそうにない世界――にするのではないだろうか。というのも、学問＝科学と産業こそが、戦争を決定するのだから。（強調原著者、『反哲学的断章』）

こうしたウィトゲンシュタインの戦争についての言葉を拾っていくと、第一次世界大戦（以下「第一次大戦」とも略記）への従軍体験が、底流として、彼の生涯に流れていることが見て取れる。さらに、彼の人間や宗教をめぐる考え方も従軍中に凝縮したかたちで現われている、といってよいだろう。また、マルコムが回想していることと関連するが、『論考』の基本構造は「ブルシーロフ攻勢」（一九一六年六月－九月）を体験した一九一六年七月七日前後にほぼ確定された、と推測される（第6章参照）。

本解説では、ウィトゲンシュタインの従軍体験と、彼の人間性・宗教性や『論考』を形作った諸思想との関連などについて、述べていきたい。著者たちは「人間ウィトゲンシュタイン」を理想化するつもりはない。『秘密の日記』（以下『日記』とも略記）に記された彼の「性欲」「自慰」「官能性」についても言及する。そして、三〇歳頃までのトータルなウィトゲンシュタインの人間性に、読者とともに、少しでも深く分け入りたいと思っている。

第一次世界大戦

第一次大戦は、人類史上初の世界戦争として、「第二次世界大戦」（以下「第二次大戦」とも略記）の五〇〇〇万人よりは少ないながらも、一九〇〇万人という膨大な死者を出した。また、この大戦で、航空機・戦車・毒ガスなどの新兵器が登場し、人類史上初の「総力戦」が戦われた。第一次大戦が歴史上きわめて重大な事件であったことは間違いない。おそらく将来的には、第二次大戦よりも第一次大戦のほうが、重視されるようになるだろう。

一九一四年六月二八日、オーストリアのフェルディナント大公夫妻が、セルビア人の手によりサラエボで暗殺される。そのオーストリアはセルビアと、事件の前年まで続いていた二度のバルカン戦争において直接戦うことこそなかったものの、激しく対立していた。オーストリア政府・軍の多くはセルビア全土の占領までは考えてはいなかったが、セルビアの勢力を削ぐためには戦争が必要だと認識していた。そこで、同国に過酷な要求を突き付け、これが拒絶されたことを口実として、七月二八日、オーストリアはセルビアに対し宣戦布告をするにいたる。

本来であれば両国間の戦争で終わるはずであったが、まず、ロシアが、セルビアを助けるためにオーストリアとの戦争を決意し、「総動員」を発令した。このことは、独露国境にロシアの大軍が集中することを意味していたので、ドイツを大いに刺激することは確実であった。もちろん、ロシアはドイツとの戦争など望んではいなかったのだが、軍部の「対オーストリアに限定した部分動員ではこの事態に対応できない」との強硬論に流される形となってしまった。ただ、ロシア皇帝ニコライ二世は、自らドイツ皇帝ヴィルヘルム二世宛てに「ロシアは決してドイツに先んじて攻撃することはない」との電報を送ることで、両国関係の悪化を防ごうとした。一方、ドイツはこれに満足せず、総動員の中止を強く要求するが、ロシアに拒絶される。交渉を諦めたドイツは、同じく総動員でこれに応じるとともに、八月二日、先手を打ってロシアに宣戦布告する。さらに、この事態に直接関わりのなかったフランスに対しても、翌三日に宣戦布告するにいたる。

ドイツがフランスにも宣戦布告した理由は「フランスがロシアとともに攻撃してくることは避けられない」との思い込みがあったからである。さらに、四日には、ドイツがフランスの防備が手薄なところから攻め込むために、中立国のベルギーへ侵入したことを受けて、イギリスがフランスの側で参戦した。こうして、オーストリアとセルビアの二国間の戦争は、またたくまに大戦争へと発展してしまう。本来戦争を予防するための同盟が、複雑に絡み合ったことで、むしろ戦争を拡大してしまったのである。

ドイツのフランスへの進撃は失敗し、両軍は今いる地点を守備するために「塹壕」を掘った。こちらを「西部戦線」という。一方、ロシアのドイツ・オーストリアへの進撃もやはり食い止められ、戦況は膠着した。こちらは「東部戦線」という。こうして、戦争は「短期間で終わる」との事前の大方の予想は外れ、長期戦へと突入する。その後ほどなくして、イギリス・フランス側には日本が、ドイツ・オーストリア側にはオスマン帝国（トルコ）が加わった。また、ドイツ・オーストリアと同盟を結んでいたイタリアは、当初、両国に与することなく中立を宣言していたが、紆余曲折の末、イギリス・フランス側での参戦にいたった（一九一五年五月）。こうしてアメリカを除く列強の全てが参加し、欧州のみならず、戦場が中東・アジアにまで拡大したことにより、世界戦争となった。

フランス・イギリス・ロシア・日本・イタリアの陣営を「協商国／連合国」と呼び（以下、後者で統一）、ドイツ・オーストリア・トルコの陣営を「中央同盟国／同盟国」と呼ぶ（以下、後者で統一）。

塹壕を互いに掘り合い、長期間対峙するという戦い方は、それまで誰も経験したことのないものであった。両陣営とも有刺鉄線と地雷を前面に設置し、塹壕も砲撃で簡単に崩れないようにコンクリートで補強し、一つの塹壕が敵の手に落ちても突破されないように、幾重にも塹壕が掘りめぐらされた結果、わずかな距離を前進するのにも膨大な死傷者を出すことになってしまった。さらに、塹壕戦が長期化し、一瞬で手足を吹き飛ばされる砲撃や、その轟音・振動の恐怖にさらされ続けた結果、「シェル・ショック」（現在では「PTSD」とよばれる症状）になる兵士が多数でた。

第一次大戦で最大級の激戦となった「ソンムの戦い」（一九一六年七月）では、イギリス軍が一日で戦死者約二万人、負傷者約五万八〇〇〇人を出したという記録が残っている。その後、両陣営ともに、現状を打開すべく、航空機・戦車・毒ガスといった新兵器を次々と開発した。それまでにもあった機関銃・潜水艦の性能の向上と、それらの新兵器の大量配備とをあわせて、戦争はより一層激しいものになっていった。

国家の有する力の全てを投入した戦争を「総力戦」と呼ぶが、第一次大戦は人類初の総力戦で、参戦国の国民のほぼすべてが、直接／間接に、戦争に動員された。さらには、初めて、都市に対する爆撃／戦略爆撃も行なわれた。被害はわずかであったが、「一般市民を標的とした計画的な攻撃がなされたこと」は世界中に大きな衝撃を与えることとなった。

戦局は、開戦当初には一進一退であったが、全体の国力で上回る連合国が序々に優勢となっていく。ところが、一九一七年二月、ロシアで革命が起き、ロマノフ王朝が終焉する。同国では、多くの死傷者が出ているにもかかわらず、戦争が長引くばかりで一向に先の見えない現状に、国民には不満が鬱積していた。これが以前からの政府による強権的支配への怨嗟と合わさり、民衆は政府のみならず、皇帝に対しても怒りを爆発させたのである。さらに、同年一〇月、国民の声を無視して戦争を継続していた臨時政府が倒され、ソ連が誕生するにいたる。

ソ連の戦争からの離脱により、東部に大兵力を展開しなくともよくなったドイツ軍は、西部で最後の賭けに出る。一九一八年三月に開始された攻撃は、序盤こそ順調だったものの、パリを落とすことも英仏軍を殲滅することもできなかった。もうすでに、ドイツ軍の力は限界に達していたのである。一九一八年八月、アメリカ軍（一九一七年四月参戦）を加えた連合国軍は反撃を開始する。水兵による反乱をきっかけとした「ドイツ革命」が起こり、皇帝ヴィルヘルム二世はオランダに亡命した。その後を受けた共和国政府が連合国に降伏し、時をほぼ同じくしてオーストリアとトルコも降伏し、一九一八年一一月一一日、第一次大戦は連合国の勝利で幕を降ろした。

一九〇〇万人が死に、二二〇〇万人が傷付き、四つの帝国が滅び、一つの社会主義国が生まれ、九つの国が独立した。それが四年三か月続いた戦争の結果である。第二次大戦がおこるわずか二〇年前のことであった。

兵士としてのウィトゲンシュタインの経歴

ウィトゲンシュタインは、一九一四年七月から一九一九年八月までの五年間にわたり、兵士として生活するのだが、その変遷をまとめると、次のようになる（休暇などについては省略）。

一九一四年（二五歳）

七月二八日　第一次世界大戦が勃発する。

八月七日　オーストリア＝ハンガリー二重帝国の「一年志願兵」として志願し、クラクフ（クラカウ）の要塞砲兵[1]連隊に登録される。その後、東部戦線のガリツィアに行き、さらにそのあと、ヴィスワ川で活動する小型砲艦「ゴプラナ」の探照灯係になる。

一二月中旬　クラクフの砲兵隊作業場に回される。エンジニアとして評価され、異例のことであるが、士官としての特権が与えられる。この年、兄のパウル（ピアニスト）は右腕を失い、ロシア軍の捕虜となる。

一九一五年（二六歳）

七月末　リヴィウ（レンベルク）近くの砲兵隊作業列車に配属される。

一九一六年（二七歳）

三月二一日　ガリツィア方面の最前線の曲射砲連隊に監視兵として配属される。

六月四日　ブルシーロフ攻勢を受け、激戦を体験する。複数の勲章をもらう。

九月一日　伍長に昇進する。

一〇月　士官としての訓練を受けるべく、オルミュッツの砲兵隊士官学校に派遣される。

一二月一日　士官候補生となる。

一九一七年（二八歳）

七月　ケレンスキー攻撃を受ける。多くの勲功をたてる。

一一月　　ロシア革命により、東部戦線の戦火がおさまる。
一九一八年（二九歳）
二月一日　　少尉に昇進する。
三月　　イタリア戦線のアジアゴに移され、山岳砲兵連隊に配属される。
六月一五日　　アジアゴ地域におけるオーストリア側の最後の攻撃で勇敢に戦い、士官に与えられる「金の勇敢章（勇敢金章）」に推挙される。
一〇月二七日　　兄クルトが前線で拳銃自殺する。
一一月三日　　オーストリアが連合国に降伏し、トレント近くでイタリア軍の捕虜となる。コモ近くの収容所に入れられる。
一一月一一日　　第一次世界大戦終わる。
一九一九年（三〇歳）
一月　　モンテ・カシーノの捕虜収容所に移される。
八月二六日　　正式に釈放される。

第一次世界大戦への参戦動機

ウィトゲンシュタインには「両側性鼠径ヘルニア」という疾患があるにもかかわらず、つまり、兵役に就かなくてもよいのに、彼は「一年志願兵」となった。また、一九一五年の彼に関するある報告書（正規の「技術者」になるための申請書）では、次のことが書かれている。(1)三つの医学的所見（たぶん戦争前のもの）においてまったくの「兵役不適格」とされていること、(2)ヘルニアの再発と乱視性近視[2]のために「前線勤務はまったく不適当」であること。これを見るだけでも、ウィトゲンシュタインは兵士としての適性を欠くことがわかる。誰が考えても、彼は戦争に行く必要はなかったのである。そして、体格的にも西洋人としては決して恵まれた体格ではなかった。

そうした健康状態であっても、ウィトゲンシュタインは数々の激戦で勇敢に闘い、任務を遂行し、種々の勲章を得た（後述）。また、自らが属していた第二四歩兵師団の兵士の生還率が二〇％程度（一万六〇〇〇人中三五〇〇人程度）だった、ブルシーロフ攻勢を始めとする数々の激戦をかいくぐって、彼が無事に生還できたことは、一種の奇跡である。厳密な確率計算は無意味／不可能だとしても、著者たちの推測では、彼の全戦闘を通じての生還確率は、どう高く見積もっても一割を超えることはなかったであろう。

ウィトゲンシュタインは、どのような気持ちで兵役を志願したのだろうか。これについては、いろいろと取り沙汰されている。そうした中で、ウィトゲンシュタインの大部の伝記を書いた、モンクの次の記述は注意を引く。

ウィトゲンシュタインは、〔第一次大戦勃発当時、〕最初オーストリアから抜け出して、英国かノルウェーに行こうとしたようである。それが駄目で、オーストリア出国ができないと申し渡されると、彼は志願兵としてオーストリア軍に入った。（モンク『ウィトゲンシュタイン』）

この記述は、出典が示されていないので、確認しようがない。著者たちはこれに懐疑的である[3]。しかしながら、これが事実だとすれば、ウィトゲンシュタインが志願兵になることの決心は、そう単純なものではなかったと考えられる。

ところで、モンク以外の人たちは、ウィトゲンシュタインの参戦動機について、どのように推測しているのだろうか。

(1) 友人のピンセントは、彼を「愛国的」だと考えていた。

(2) 姉のヘルミーネは「彼には国を護りたいという願いがあった」と語っている。さらに「彼は何か重荷を引き受け、純粋に知的な仕事とは違った職務を果たしたい、という強い願いをもっていた」とも述べている。

(3) 友人のシェグレンは「彼は他人の上に降りかかった重荷をともに担いたかったの

ウィトゲンシュタインの軍隊身分証明書にある写真 1918年6月30日発行。
左下のスタンプの一部からは「山岳砲兵連隊」(Gebirgsartillerieregiment) 所属であることがわかる。

だ」と語っている。
ウィトゲンシュタインの前半生を描き出したマクギネスは「彼は兵役を市民の義務と受け止めており、祖国との一体感を抱いていたことは明らかである」と論じている。

(4)

これら四つの志願動機は、直接／間接に「愛国心」と関わっている。もしもそうだとすれば、先に引用したモンクの言葉と整合性をとりづらくなる。

いずれにせよ、著者たちはウィトゲンシュタインの入隊動機を単純に一つのもの（愛国心）に還元することと／決めつけることは不可能だと思うし、そうする必要もないだろう。もちろん、愛国的要素が志願動機にならなかったというのでは決してない。かりにウィトゲンシュタイン自身がその動機を一つに特定したとしても、それを取り巻く複数の意識的／無意識的な要因があったと考えることは、不自然ではない。また、『秘密の日記』には、「敵対心」や「敵の憎さ」に関する記述はほとんど見られない。

ウィトゲンシュタインの教え子の一人であった、ドゥルーリーは「自分自身の生活の仕方のすべてを変えようという、常に持ちつづけたウィトゲンシュタインの意志に対して同情や理解を感じないとすれば、彼を理解することはできない」[4]（強調引用者）と証言している。著者たちはこの証言はきわめて正鵠を射ていると思う。そして、このことは『秘密の日記』を読めば即座に認めることができるだろう。例えば従軍中のウィトゲンシュタインは「恐怖のあまり自分自身を失いそうになる」のだが、

「任務をまっとうできるように、自分自身を失わない人間になりたい」旨を何度も書いているのである。また、彼が自分自身を嫌悪していることは、『哲学宗教日記』(後出)にも執拗なまでに書かれている。すなわち、彼は「嫌悪の対象である自分からいかに脱すべきか」という問題と格闘しているのである。(5)

現在の自分を変えたいウィトゲンシュタイン

ウィトゲンシュタインには、従軍中の二〇歳代に書いた『秘密の日記』(一九一四年―一九一六年)と、四〇歳代で書いた『哲学宗教日記』(一九三〇年―一九三二年、一九三六年―一九三七年)という二つの日記がある。この中で共通して書かれていることは、先にも述べたように、「ウィトゲンシュタインは自分自身のことをあまり好きではなく、絶えず、より善い人間になりたいと願っている」ということである。このことから判断すると、姉のヘルミーネの「彼は何か重荷を引き受け、純粋に知的な仕事とは違った職務を果したい、という強い願いをもっていた」という言葉が注目される。

マクギネスも、彼の愛国心に言及しているが、次のように、ヘルミーネと共通の見解も懐いている。

〔軍隊への〕入隊は、ウィトゲンシュタインの人格の厳しい試練、すなわち「炎の試練」〔性格の耐火試験〕、力と元気を失わないだけの強さを〔自分が〕持っているかを試す試練となるはずであった。戦場では、他のより厳しい試練も待っていた。彼がそれらを喜んで受け容れた形跡が随所に見られる。(マクギネス『ウィトゲンシュタイン評伝』)

モンクなどは「ウィトゲンシュタインがある意味で戦争を歓迎したことは、たとえ民族主義的理由よりはむしろ主として個人的理由であったとしても、議論の余地がないように思われる」(強調原著者)とまで断言している。

ウィトゲンシュタインが「より善い人間になりたい」と思ったことと、志願兵になったこととの間に関係があることの証拠となる言葉を一つ、『秘密の日記』から引用しておく。

神は僕とともに! 今、僕に、まともな人間になるための機会が与えられているのかもしれない。というのも、僕は、死と目と目を合わせて対峙するのだから。どうか、霊が僕を照らしてくれますように! (『日記』一九一四年九月一五日)

この日記は八月七日に要塞砲兵連隊に登録されてから、一か月余りあとのものである。重要なのは「自分が死に直面しているからこそ、まともな人間になる機会がある」という論理である。「死」以上の重荷/試練はないであろう。

マクギネスによれば、ウィトゲンシュタインは戦争が自分にもたらした結果は「必然的であった」とみなした。戦争が終わって何年かたって、彼はよく甥の一人と戦争体験について長々と語り合った。

そして、甥が平和主義的傾向のことを口にすると、彼は戦争について次のように言ったのである――「戦争が私の命を救ったのだ。それがなかったら私は何をしたか見当もつかない」と。「戦争が自分の命を救った」というのも、「戦争によって自分を変えたい」というウィトゲンシュタインの願望と、根底において相通じるところがあるように感じられる。

こうしたことを考えあわせると、「ウィトゲンシュタインは、二重帝国の勝利よりも、自分に課する試練に重点をおいて戦争を捉えた」といえないこともない。

前線へ

第一次世界大戦は一九一四年七月二八日に始まったのだが、ウィトゲンシュタインが属する、オーストリア＝ハンガリー二重帝国軍（以下「二重帝国軍」とも略記）の動員は遅く、ようやく七月三一日に開始された。同軍はロシア軍に負けまいと急いだが、ロシア軍の動きも緩慢であった。二重帝国軍の最高司令部の主要目標の一つは、ガリツィア（現在のウクライナ北西部）の軍隊を増強し、ガリツィア掃討の用意があると思われたロシア軍騎兵隊の機先を制すべく、ロシア領内にできるだけ深く侵攻することにあった。ロシア側への若干の侵攻が八月六日になされ、この目的のために、クラクフ駐屯軍部隊の派遣が承認されたのである。

二重帝国軍の動員に関連していえば、(1)ウィトゲンシュタインの身体検査が形ばかりのものであったこと、(2)彼の受けた教育や数学の知識――こうした知識は後になって考慮された――がまったく見落とされていたこと、(3) 入隊後わずか二日でクラクフの要塞砲兵連隊に配属されたことなどを、あげることができる。マクギネスによると、先の一九一五年の「報告書」の内容と矛盾するようだが、「ウィトゲンシュタインのヘルニアについては、入隊時〔一九一四年〕における調書の身体的欠陥に関する項目で、まったく触れられていない」そうである。また、ヘルニアという疾患を持ちながらも「砲兵」として入隊できたことに、ウィトゲンシュタインは「ウィーンの軍当局は、信じられないくらい親切だった」と評している(一九一四年八月九日)。しかしながら、おそらく、これはたんに二重帝国の側の情勢が急を告げていたからであろう。

入隊後、ウィトゲンシュタインは、まず「臼砲」の扱いの教育、つぎに「小型砲艦」に乗って「探照灯」の扱いの教育を受けた。この小型砲艦は、ロシア軍から捕獲したもので、名も元のまま「ゴプラナ」と呼ばれた。

［コラム］　大砲と臼砲

大砲――まず大砲の役割だが、一四世紀の登場いらい、その主な目的は「城壁を破壊すること」であった。砲弾は、最初こそ石製もあったものの、すぐに鉄製に変わる。また、形状は今のように先端が尖ったものではなく球形で、着弾の際も爆発しなかった。当時の大砲は、純粋に砲弾の重量と大きさと着弾時の速度のみを破壊エネルギーとして用いていた。ゆえに、砲弾を着弾時に破裂させてその破片によって、人馬を広範囲にわたって殺傷することはできなかった。このような砲弾に対して、炸裂する砲弾を「榴弾」と呼び、一六世紀中頃には登場した。しかし、装填の直前に導火線に火を付ける必要があり、かつ不発も多かったため、広く用いられるようになるのは一九世紀に入ってからである。

つぎに大砲の製造法についてだが、一五世紀半ばに、鋳造製大砲が開発された。ただ、当時の鉄製鋳造砲の金属加工技術はいまだ未熟であったがために、発射の際に生じる爆発エネルギーに耐えられず破裂してしまう事例が多かった。その後一六世紀には青銅製（または真鍮と黄銅）鋳造砲が主流となる。青銅製の大砲は、鉄製のものに比べ高価で重量があったが、硬度こそ劣るものの適度な粘りがあり、破裂の危険性は大きく減少した。これらの鋳造は、「教会の鐘」を造る工程に似ていたために各地の職人を動員でき、また長年にわたる技術の蓄積もあり、大いに普及することになった。産業革命による技術革新が起こり、より安価で軽量、強度ある鉄製鋳造砲が生産されるまでのおよそ三世紀の間、青銅製鋳造砲は主役の地位を占め続けたのである。

臼砲――すでに説明したように、当時の技術では砲身が破裂することがしばしばあった。だからといって、発射時の砲身への負担を抑えるために火薬の量を少なくしたのでは、小さく軽い弾しか用いることができず、それでは鉄砲と差異がない。大きく重量のある砲弾を発射するには、砲身を厚くする必要がある。また、射程を伸ばすためには砲身を長くしなくてはならない。なぜなら、推進薬（発射の際に用いられる火薬で、砲弾を炸裂させる火薬とは異なるもの）の爆発エネルギーを少しでも長く受け、初速（砲身から出るときの速さ）を大きくすると、射程が長くなるからである。

臼砲は大砲の一種で外見は文字通り、「臼」のように肉厚で、太く短い形状をしている。城壁を破壊することが可能な砲弾を発射でき、移動を容易にするために全体の重量を抑えるという、矛盾した難問を解決するために産み出されたのが「臼砲」であった。射程を犠牲にしてでも、城壁を破壊できなくては大砲の存在価値がなかったのだ。また、臼砲の砲弾の軌跡は高い弾道を描き、砲弾は垂直に近い形で着弾するために、地下に対する攻撃にも威力を発揮した。ただ直線的な弾道と異なり、目標に精確に命中させるのは難しかった。第一次大戦の頃にもなると近代的なコンクリートや地下深くまで掘り進められた塹壕を破壊するために、臼砲の破壊力・射程・命中精度のいずれも大幅に向上した。

大砲の種類――大砲は「直射（平射）砲」（以下「直射砲」で統一）と「曲射砲」と二つに大別される。「直射（平射）」は、砲から目標に対し仰角〇度から四五度の角度をもって発射し、砲弾の軌道は直線的である。一方「曲射」は、仰角四五度以上の角度をもって発射し、砲弾の軌道は放物線を描く。「直射砲」に分類されるのは「カノン（加農）砲」「速射砲」「対戦車砲」等であり、「曲射砲」に分類されるのは「迫撃砲」「臼砲」「榴弾砲」等である。また「野砲」は比較的軽量な野戦において用いられる大砲の一種で、「直射」「曲射」のどちらも可能であった。第一次大戦中から砲の種類が整理された結果、「臼砲」は「迫撃砲」と「榴弾砲」に役割が吸収され、また「榴弾砲」と「カノン砲」はその名称こそ残ったが両者の間に明確な違いは無くなっていった。また、「速射砲」の名称も、大砲の発射間隔が短くなり、言いかえれば多くの砲が「速射砲」化したことにより、自然と用いられなくなった。

第2章　東部戦線

「東部戦線」と「西部戦線」の違い

本章では第一次世界大戦の戦闘地である「東部戦線」について解説するが、これがウィトゲンシュタインの「戦場」である。まず、東部戦線や西部戦線についてまとめておこう。

「東部戦線」が成立した明確な日付があるわけではない。そもそも、西部戦線・東部戦線といった名称は、独墺を挟んで東西に戦線が分かれていたから付けられたものなので、開戦と同時に生じたということになる。より精確にということであれば、ドイツがロシアに宣戦布告した、一九一四年八月二日が東部戦線の始まりで、翌三日のフランスへの宣戦布告、もしくは四日のイギリスの参戦をもって「西部戦線」の成立となる。

第一次大戦におけるイメージとして強いのは、塹壕・機関銃・戦車・飛行機・毒ガスなどだが、いずれも大規模に投入されたのは西部戦線であった。これは、参戦国の中でも独仏英の三か国が特に産業力・技術力が高かったこと、および、ドイツがロシアないし東部戦線を西部戦線に比べて一段低く見ていたことに起因している。

西部戦線では、両軍（同盟国vs連合国）がともに、幾重にも張り巡らされた本格的な「塹壕」を戦線の南北を縦断する形で建設したため、戦線が膠着した。これに対し、東部戦線では、戦線が長かったこともあって、塹壕も比較的小規模なものに留まり、どちらかといえば「機動戦」の様相を呈した。これが、二つの戦線における戦い方の大きな違いである。その結果、両軍の移動が少ない西部では非戦闘員の損害が少なく、東部では逆に両軍の流動的な動きと戦場となる地域が大きくなったために、非戦闘員の死傷者が多数生じた。また、独仏英は終戦まで戦い抜いたのに対し、この三か国よりも国力の劣っていたロシア、中小国のルーマニア、ブルガリア、さらに大戦のきっかけをつくったセルビアは、いずれも革命／降伏／占領といった理由により、一九一八年一一月の終戦を待たずして、戦争から離脱している。

東部戦線の経過

ドイツにとっては西部戦線における「フランス打倒」がなによりも重要であったから、一九一四年八月、ドイツ軍は、東プロイセン方面に少数の兵力を残し、防御に徹する作戦をとった。東部で主力となったオーストリア軍は、ドイツの想像以上に弱体であった。さらに悪いことに、戦争準備完了までに少なくとも六週間はかかると思われたロシア軍が、わずか三週間足らずで、攻撃を開始した。オーストリア軍は戦闘準備に先んじていたにもかかわらず、ロシア軍とほぼ同時期にようやく準備が完了したのだ。

多民族国家ゆえにまとまりが弱く、軍の近代化が遅れており、さらにはロシアとの戦争を予期していなかったオーストリア軍であったが、驚くべきことに、ロシア軍に対して攻勢に出る。しかし、結果は惨憺たるものとなった。ガリツィア地方での戦闘の結果、オーストリア軍は約三五万人、ロシア軍は約二五万人の兵士を失ったのである。オーストリア軍が、緒戦で貴重な訓練済みの兵力を大量に損失したことの影響は大きく、結局、終戦までその戦力を回復することはできなかった。ちなみに、当時「オーストリア軍を訓練するのには一〇の言語を必要とする」といわれていた。オーストリア軍の訓練にいかに時間と手間を要したかが良くわかる逸話であろう。

一方、ドイツ軍は、ロシア軍の予想外の早い進撃に最初こそ不意をつかれたものの、すぐに司令官を交代させ、反撃を開始した。そして、東プロイセン中部のタンネンベルクで大勝利を収めた。この「タンネンベルクの戦い」(一九一四年八月)で、ロシア軍は死傷者約八万人、捕虜約九万人を出したが、ドイツ軍の被害はこれより遥かに少なく、二万人以下の死傷者ですんだ。こうして、ロシア軍のベルリンへの進撃は停止し、以後、戦線は膠着状態に陥る。

翌一九一五年三月、前年から孤立していたオーストリアのプシェミシル要塞が、約一〇万人の兵士とともに降伏する。一方、ドイツ軍は、膠着してしまった西部ではなく、東部で新たな攻勢をかけることで戦局を打開しようと試みる。この「ゴルリッツ突破戦」と呼ばれた攻勢は、西部のような堅固な塹壕を構築していないロシア軍の戦線を突破し、ワルシャワを陥落させるなどの戦果をあげた。しかしながら、「補給線」が延びたこともあり、それ以上の進撃はできなかった。ドイツ軍にとってもモスクワは遙か先だったのだ。その後、ロシア軍の反撃や一〇月のブルガリア参戦（同盟国陣営）があったが、冬に入り、両軍とも目立った動きを見せなくなる。

一九一六年に入ると、ロシア軍は、シベリア鉄道を使っての日本を含む連合国からの武器・弾薬などの支援により、失った戦力を急速に回復していた。また、東西両戦線で連合軍間の協調した作戦を行なうために、会議が開かれ準備が進められた。

そうした中、ドイツ軍による西部での一大攻勢が開始され、これに直面したフランス軍は危機に陥る。ロシア軍はフランスの要請に基づき、六月にオーストリアへの攻撃を開始する。オーストリア軍はこの「ブルシーロフ攻勢」（第6章参照）でまたもや大敗を喫し、あわや東部戦線全体が崩壊しかねない状況になった。しかし、ロシア軍の詰めの甘さとドイツ軍の救援のために、数字上は両軍ともほぼ同じ損失を被るという結果で終わった。

けれども、ドイツ軍の西部における攻勢は、東部に戦力を割かなければならなかったこともあって失敗した。ブルシーロフ攻勢はフランスを窮地から救ったのだ。これにより、この戦争におけるドイツ軍の勝利の可能性は喪失した、といって良いかもしれない。ただし、短期的には、ブルシーロフ攻勢は物質面でも心理面でも連合国側に少なからぬ打撃を与える、という皮肉な結果を招いた。すなわち、この攻勢に触発されたルーマニアが連合国側として参戦するものの、戦力を立て直した同盟国軍に大敗し、国土の大半を占領されたからである。

一九一七年、度重なる敗北をのりこえ、果敢にドイツ軍を押し止めていたロシアであったが、内部から崩壊する。すなわち、「ロシア革命」である。革命後のロシアでは早期停戦が叫ばれるようになり、一〇月にボルシェビキ主導のソヴィエト政権が成立した。ドイツはこの期に乗じ、ロシア領深くまで進撃し、一九一八年三月、ソヴィエトはドイツに屈する形で講和を受け入れた。こうして、東部戦線における戦闘はとりあえず終結する。

ウィトゲンシュタインの東部戦線

一九一四年八月、ウィトゲンシュタインの連隊の属していたダンクル麾下の第一軍が、ロシアに侵攻した。おそらく、彼の艦「ゴプラナ」の任務は、ヴィスワ川とその支流付近で渡河や交戦中の軍隊を援護するために機動火器を用いること、また、必要なときに兵員と物資の輸送にあたることであった。

ウィトゲンシュタインは、一九一四年八月七日に要塞砲兵連隊に登録された。わずか一一日後の八月一八日の午前一時には、夜着のままゴプラナ号のブリッジに召集され、「探照灯」係として配置されている。危険このうえない部署であったが、幸運にも、このときの非常招集は間違いであることが、後になって判明した。

その時の日記は次のようなものである。

夜中の一時ころ突然起こされる。中尉が僕を呼びに来て、直ちに探照灯のところへ行くよう命じる。「服は着るな」。僕はほとんど裸でブリッジに走った。凍てつく空気。雨。僕は今死ぬのだろうと確信した。探照灯を作動させ、服を着るために戻った。それは間違いの非常呼集だった。僕は恐ろしく昂奮し、声を出して呻いた。僕は戦争の恐怖を感じた。今（晩）、もう僕は恐怖を再び乗り越えた。もし僕が現在の考えを変えることがないとすれば、僕は今後、自分の生命を全力で保とうとするだろう。（強調原著者、『日記』一九一四年八月一八日）

ウィトゲンシュタインはこの「探照灯」の任務について、日記で頻繁に言及することになる。探照灯は、ある時は射撃の照準合わせを助けるために、ある時は航行のために、またある時はほかの艦船上で夜間も作業を続けられるようにするために、用いられた。とくに第一の場合（第二の場合もある程度）、探照灯ならびにその当番兵（ウィトゲンシュタインたち）も敵の火器の格好の標的となった。ウィトゲンシュタイン自身もこの危険を充分に意識していたが、それよりずっと心配なのは、探照灯が消えてしまうことである。探照灯は戦闘ではきわめて重要なのである。

自分の最内奥には何も起こりえない……

ウィトゲンシュタインがマルコムに話したところでは、彼は二一歳くらいになったとき、ウィーン

［コラム］ 探照灯

探照灯（サーチライト）は夜間の捜索・追尾・捕捉、また攻撃の照準を容易にするために用いられる。これに加え、探照灯前面に設けられた、灯りの漏れを防ぐシャッターの開閉を利用した、発光信号の伝達も重要である。探照灯は大きな懐中電灯のようなものだ。懐中電灯と同様、探照灯の内部には凹面鏡があり、その内側に光源がある。懐中電灯の場合は白熱電球だが、探照灯では炭素棒を用いる。炭素棒への放電による光は凹面鏡に反射し、開口部、すなわち前方に放たれる。当時の探照灯の明るさ（光度）は一般的なもので約一〇万カンデラであった。ろうそく一本分の明るさが一カンデラであり、車のヘッドライトは約一万五〇〇〇カンデラである。光の届く距離は一概には言えないが、光度一〇万カンデラの青森県鮫角灯台の光は三六キロ先でも見える。なお、地表の湾曲の関係で水平方向の光の到達距離は、光源の高度（灯高）によって大きく左右されることを付け加えておく。

探照灯は強烈な光を発するが、その代償に炭素棒の頻繁な交換が必要で、しかも、作業環境は極めて過酷なものであった。炭素棒の発光は同時に高熱も産み出し、探照灯内部を高温にする。この状況下での作業は、「高温の空気で喉や肺が焼ける」「灼熱した部品に触れた服が燃える」といった危険を伴った。さらに探照灯の照射は、敵の攻撃を引きつける諸刃の剣であったことも忘れてはならない。通常、探照灯の当番は若年の召集兵に割り振られるので、ウィトゲンシュタインのような「一年志願兵」は免除されても不思議ではない。おそらく彼の「特別待遇を拒む意識」がそれを首肯できなかったのだろう。

以上のように、探照灯の使用は、「自らを犠牲にして自軍全体に尽くすこと」といっても何ら過言ではない。探照灯を扱う兵士は傑出した勇気が必要であった。ウィトゲンシュタインの「探照灯係」という任務は、われわれの想像をはるかに超えるものだったのである。

である芝居（おそらく『クロイツェルシャイバー』）を鑑賞した。つまらない芝居であったが、その中で、登場人物の一人が「世界の中で何が起ころうとも、自分には悪いことなど起こりうるはずがない――自分は運命や周囲の事情とは無関係だ」（強調原著者、『回想のヴィトゲンシュタイン』）という考えを表明した。ウィトゲンシュタインはこのストイックな考えに心を打たれ、初めて宗教の可能性に目を開いたという。『日記』にも、たとえば「今僕が、考えたり書いたりすることができるということによって享受している恩寵は、筆舌に尽くしがたい。僕は、外的な生の諸困難に対する無関心を手に入れなければならない」（強調原著者、一九一四年一〇月一一日）とか「外的な世界には依存するな。そうすれば、外的な世界の中で起こることを恐れる必要はなくなる」（同、一一月四日）などとある。

モンクも、おそらくマルコムの回想をふまえて、これを「〈外的に〉どんなことが起ころうとも、ウィトゲンシュタインには、すなわち、彼の最内奥には何も起こりえないという観念」（強調原著者）と述べている。ウィトゲンシュタインにとって、最も重要なことは、死の恐怖の最中におかれようとも、「決して自分自身を失わないこと」「自分の最内奥では何も起こらないこと」である。それゆえ、『日記』において、何度も神に向かって、自分自身を失わないように護ってくれることを、嘆願しているのである。

八月一八日のあと、第一軍は、九月一一日から一五日までの間に、サン川下流に後退した。けれども、この地点も維持しえなくなった。九月一三日にはゴプラナ号を放棄し、ロシア軍の手にゆだねることとなった。しかしその後、一五日にふたたび艦を奪還し、川をさかのぼり、ロシア軍を追って、ドゥナイェッツ川まで航行した。一七日には大砲や小銃の音を耳にしながら、もといたクラクフまで航行していくことになり、一九日にはどうやら無事にクラクフにたどりついた。そこではロシア軍による「攻囲」を予想していること（二八日）や、赤痢に苦しむ兵士が多くみられることが伝えられている（二九日）。

志願兵となって四か月間の軍隊生活

ウィトゲンシュタインの『秘密の日記』は、一九一四年八月九日から書き始められる。すなわち、軍人として登録された二日後である。その書き出しは次のようなものである。

一昨日、徴兵検査にかけられ、クラクフの第二要塞砲兵連隊に配属された。昨日の午前中、ウィーンを発った。今日の午前中、クラクフに着く。

けれども、わずか二日後の一一日には、次のように認めている。

よく眠れなかった（害虫）。……恐ろしく暑い。料理は食べられたものではない。恐らく将来、兵営の外で寝るだろう。

それほど屈強ではないウィトゲンシュタインは、何度も胃を壊したり、病気になったり、疲労困憊することもしばしばあったようだ。ある時などは、四日間も軍靴や軍服を身につけたままであった。前章で紹介したように、夜着のまま探照灯の任務につくこともあった。入隊後、少し時がたっての厳しい気候のもとでは、秋でも凍えるような任務に耐えなければならなかった。張りつめた氷や凍てつく寒さのなか、仮設トイレまで出かけることもあった（一九一四年一一月二五日）。

しかしながら、ウィトゲンシュタインにとって、もっとも苦痛を感じたのは「人間関係」である。人間関係をめぐる彼の苦悩は、『秘密の日記』の最初から最後まで、絶えることがない。

特権行使の拒否

ウィーンの国立高等実科学校を卒業したうえに、三つの大学（ベルリン工科大学、マンチェスター大学、ケンブリッジ大学）でも学んだことのあるウィトゲンシュタインは、「一年志願兵」の階級章と特権（将校食堂の利用など）を受ける権利があった。戦時中、「一年志願兵」の将校任命（昇進）は二、三か月でなされることもあり、それまでの期間もある程度、将校たちと起居をともにしている。だから、彼は最下級の一兵卒というわけではなかった。入隊時の年齢もすでに二五歳であった。右で述べたような特権は、軍隊では切実な意味をもっていたが、ウィトゲンシュタインはそれを求めなかったようである。また、ほかの一年志願兵が彼の経歴を知って、「同志」と呼びかけ自分たちの仲間に入るように促しても、彼は特権をもった仲間たちと一緒にいることを拒否した。ウィトゲンシュタインが教育のある人間だということを知った、ある少尉は「彼がどうして将校食堂を利用しないのか」といぶかったこともあった。入隊後のウィトゲンシュタインについて、友人のエンゲルマンは「彼は特権を享受するのをくり返し拒絶した」と語っている。彼の「特権を求めない」という態度は、軍隊生活において決して貫徹されたわけではないが、たびたび見られたものである。

戦友たちとの関係

ウィトゲンシュタインは、その育ちや学歴からみて、疑いなく「教育や教養」のある人間である。しかし、多くの戦友たちには教育や教養がなかった。彼は戦友たちを、「暗愚で、無礼で、悪意ある人間」と見ることが多かった。ウィトゲンシュタインの戦友たちも、気の毒な境遇におかれていた。彼らの大部分はスラブ系の人々、つまり、チェコ人やポーランド人であった。彼らは、真の意味で自分たちの国ではない二重帝国の戦争なのに、相応の給料もなく、しかも危険覚悟で、任務を引き受けなければならなかったのだ。ハプスブルク家に忠誠を尽くして最後まで闘い抜くという覚悟は、彼らにはあまりなかったと推測される。その証拠に、東部戦線では、多くの兵士が戦闘を止めて前線から遠ざかったり、投降したりすることがしばしば見られた。こういう事情であれば、彼らも、ウィーン生まれでドイツ語を母語とするウィトゲンシュタインに対して、精神的に穏やかに接することはなか

［コラム］ 一年志願兵

二重帝国における「一年志願兵」はプロイセンの制度を一八六八年に導入したものである。通常の志願兵と異なり、兵役期間中に掛かる費用（食事・装備一式や治療費など）のすべてを自らが賄い、くわえて、無給で兵役に就かねばならなかった。その一方で、「特待制度」があり、兵役期間が通常三年のところを一年に短縮され、それをこえて通常の三年務めた者には、一定の訓練期間をおえた後に、「予備役将校」の応募資格が与えられた。当然だが、このような負担に耐えられるのは富裕層の出身者に限られる。また、応募にあたっては条件が存在し、ギムナジウムの卒業試験（マトゥーラ）に合格している必要がある。富裕層の出身者にとっては、辛い兵役を短縮でき、士官昇進も可能な魅力的な制度であった。

ゆえに、「一年志願兵」の徽章を身につけている人物が、一定以上の社会的地位を有する家庭の出身であることは、誰の目にも一目瞭然であった。ただこれは本人の努力ではなく、乱暴にいえば「地位を親の金で買った」ことを公言していることにもなった。特に二重帝国では、制度発祥のドイツと異なり、「一年志願兵」の地位に社会的威信が伴なわなかったこともあり、彼らが羨望以上に嫉妬や侮蔑の眼差しを受けたことは想像に難くない。

「一年志願兵」はウィトゲンシュタインもそうであったが、当初は「ドイツ系」が多くを占めていた。後に高等教育の水準が二重帝国内で高まったこともあり、他の民族出身者の割合も徐々にではあるが増していく。しかし民族・階級間の交流は乏しく、もっぱら出身母体が同一な者との絆を深めることに終始した。このような点が、ウィトゲンシュタインが士官や同じドイツ系の「一年志願兵」と比較的良好な関係を築くことができたのに対し、一般の召集兵や他民族の兵士から嫌がらせを受けた要因であることは間違いないだろう。

なかできなかっただろう。他方、ウィトゲンシュタインも、そうした戦友たちの、ある意味で気の毒な事情をなかなか理解できなかったに違いない。

小型砲艦であるゴプラナ号はあまり大きくない艦であり、艦上勤務となれば、嫌でも戦友たちと顔を突き合わせての仕事とならざるをえない。そのうえ、ウィトゲンシュタインは眠る場所もなかなか確保できなかったようだ。


われわれは何も敷かない地面に、掛けるものも無く寝なければならない。われわれは今ロシアにいる。困難な仕事のために、僕は完全に無官能になってしまった。今日はまだ仕事をしていない。……甲板の上は寒すぎるし、下には人間が多すぎる。奴らは、しゃべり、叫び、悪臭を放ち、等々。(『日記』一九一四年八月一七日)

ゴプラナ号での最初の艦上勤務のあとには、乗組員の交代もあったとはいえ、たいていの場合、彼は仲間の乗組員を軽蔑していたようである。彼らは、信じられないことだが、危急のさいにも呑んだくれていたそうで、ウィトゲンシュタインにとって疫病神のような存在であった。

次のようなこともあった。六週間の艦上勤務のあと、ウィトゲンシュタインが諭されて「一年志願兵」の徽章をつけて、ふたたび任務に就いたとき、戦友たちは驚いた(一九一四年九月二一日)。さらに、彼が仕事をしようとしたとき、彼らは邪魔をした。たとえば、探照灯が作動しなかったので、彼が点検しようとした――先に（コラムで）説明したように、探照灯は取扱いに危険がともなう――とき、兵員からの呼び声、喚き声などによって妨げられた。さらに、探照灯をもっと詳しく点検しようとしたら、小隊長がそれを彼の手から取りのけたのである（一九一四年八月二五日）。

ウィトゲンシュタインは下士官たちともうまくやっていくことができなかった。

〔探照灯で〕照射しなければならず、しかも常に、探照灯が消えてしまうのではないかと恐れていなければならなかった。われわれは極めて危険な持ち場にあった。もし光が消えて、何かが起こっていたら、僕に全ての責任が降りかかってきたことだろう。その後、間違いの非常呼集。僕は完全な平静を保っていたのだが、小隊長が少尉のところで、あたかも僕が臆病であったかのように中傷しようとするのを耳にした。このことは、僕を恐ろしく昂奮させた。（『日記』一九一四年九月一八日）

ウィトゲンシュタインは下士官たちの悪口も書いている。次の日記は、クラクフ攻囲が予想されていたときのものである。

事態が容易ならないものになればなるほど、下士官たちはますます粗野になる。というのも、今や士官たちがすっかり取り乱していて、もはや正常に〔状況を〕コントロールできなくなっているから、下士官たちは彼らの全ての低俗さを、今は罰せられることなくぶちまけることができると感じているのだ。ここで聞かれるあらゆる言葉は、粗暴だ。というのも、まともであることは、もういかなる仕方でも報われないので、人々の方でも、彼らがなお所持しているわずかなまともささえ放棄してしまうのだ。全てがひどく悲しい。(『日記』一九一四年一一月一二日)

この文章を読む限り、ウィトゲンシュタインはそれなりに客観的に周囲のことを見ていたようである。

ウィトゲンシュタインとうまが合う将校(たとえば、先に言及した少尉や最初の艦長など)も、たまにはいた。しかし、そうした将校たちにも、彼をがっかりさせる側面がたくさんあった。ある時、将校同士の会話を小耳にはさみ、次のように書いている。

われわれの指揮官とある他の士官の会話をたった今盗み聞きした――なんという低俗な声だろう。その声からは、世界の全ての劣悪さがキイキイ軋み、ぜいぜい喘ぐ音が鳴り響いている。僕はこの低俗さを眺める。僕の目の届く範囲には、鋭敏な心はない!!!(強調原著者、『日記』一九一四年一一月九日)

もちろん、この解説で紹介するような軍人としてのウィトゲンシュタインの活躍は、他の兵士との協力がなければ成し遂げられなかったわけだから、決して「まったくの孤独」というわけではない。後の章で紹介するが、彼の勇敢な行動が、周りの兵士に好影響を与えた、という証言もある。また、ある夏の夜、彼はじゃがいもの皮を剥きながら、モレという将校と熱心に哲学を論じたこともある。

それでも、『秘密の日記』を読む限り、ウィトゲンシュタインは軍隊生活で精神的「孤独」に病むことが頻繁にあったことに疑いはない。

一九一四年一一月九日の日記

右にあるように、将校たちの「低俗な声」を聞いた一一月九日に、ウィトゲンシュタインは伯父のパウルから葉書を受け取ったが、これは彼を「元気づけ、力づけてくれる」ものであった。ウィトゲンシュタインを「元気づけ、力づけてくれる」ということは、彼はその反対の状態にあったということを意味する。少々長きにわたるが、その日の日記を引用しよう。

僕はここ数日、憂鬱になりやすい！！　僕は本当の喜びというものを何に対してももたない。そして、未来への不安の中に生きる！　というのも、僕はもはや自分自身のうちに安らぐことがないから。僕を取り巻く一つひとつのまともでない物事が――そうしたものが常に存在するのだが――、僕の最も内的な部分を傷つける。そして、一つの傷が塞がる前に、新たな傷ができるのだ！　僕が憂鬱でない時――ちょうど今晩のように――にさえ、僕は自分が本当に自由であるようには感じない。僕は、ごくまれに、それもごく一時的にしか仕事〔哲学的思索〕への情熱を持たない。というのも、安楽な気持ちになることができないから。僕は、世界に依存しているように感じる。そしてこのために、一時的に僕に対して悪いことが何も起っていないような時ですら、世界を恐れてしまう。僕は自分自身というものを、〔言い換えるなら〕その中でかつて自分が確かに安らぐことができた自己というものを、ちょうど、もはや自分から離れ見えなくなってしまった、遠くの憧れの島のようにみている。――ロシア軍は、クラクフに向かって速やかに進軍している。全ての非戦闘員は市街地を離れなければならない。われわれの状況は非常に悪いように見える！　神よ、僕のそばにいてください！！！（強調原著者、『日記』一九一四年一一月九日）

ちなみに、右の引用文には「僕は自分自身というものを、〔言い換えるなら〕その中でかつて自分が確かに安らぐことができた自己というものを、ちょうど、もはや自分から離れ見えなくなってしまった、遠くの憧れの島のようにみている」という文がみられるが、生涯にわたって、ウィトゲンシュタインに「自分が確かに安らぐことができた自己」などあったのだろうか。この日記は二五歳の時のものだが、著者たちが知る限り、一時的な場合や幼い頃は別として、ある程度長い期間にわたって、彼自身が「安らぐことができた」ような時期は思いうかばない。ひょっとしたら、ショルデンの小屋で哲学的思索にふけっていた時期[6]がそうした時期かもしれないが……。マクギネスも「〈私がかつて安住しえた自己〉という時、ウィトゲンシュタインがいつの頃のことを指しているのかよくわからない」と述べている。それは別として、右の日記には、彼が志願兵となって三か月間の心情の一側面が集約されているように感じられる。

本章では、ウィトゲンシュタインが芝居を見たときのことを後年になって回想し、「世界の中で何が起ころうとも、自分には悪いことなど起こりうるはずがない――自分は運命や周囲の事情とは無関係だ」という台詞に心が動かされたことを紹介した。こうしたこととは対照的に、右の日記では「僕は、世界に依存しているように感じる」と述べている。自分が依存している世界が戦争状態にあるうえに、人間関係がうまく行かないのなら、「自分が確かに安らぐ」ことはできないだろう。ウィトゲンシュタインが「神よ、僕のそばにいてください!!!」というのも、よく理解できる。また、『日記』では「神よ、僕を護りたまえ!」「神が僕に力を与えてくれますように!」「神が僕を助けますように!」といった言葉が頻繁に見られる。

学問と性欲

ウィトゲンシュタインは、自分の赤裸々な『秘密の日記』が印刷されて世界中の人々に読まれるようになるなどとは、ゆめゆめ考えていなかった(7)。彼は、この『日記』は処分される/された、と思って亡くなったはずである。この『日記』の中には、かなり早い時期から、自分の性欲についても率直に認められている。「自慰」という語の語根をきちんと書いている場合もあるし、最初の一文字のみと書いて、直後に二（ピョートル）を再って告白しているところもある（日記四五三〔？〕〔？〕参照）。『日記』では、一九一四年九月二日に「昨日、この三週間ではじめて自慰した。ほとんど完全に無官能である」と書き、その三日後、「以前よりは官能的。今日再び自慰した」と書いている。「神」や「霊」が頻繁に出てくる日記の中で、こうした事柄が登場することに、著者たちは戸惑いも覚えた。だが、それほど、ウィトゲンシュタインのストレートな心情がこの日記には出ているのだ。だからこそ、この『日記』は彼を知るには第一級の貴重な資料なのである。『日記』の右のような箇所を読んだモンクは、「それまで〔一九一四年九月の最初まで〕ウィトゲンシュタインにはほとんど性欲がなかった」とか、「ふだんは厳しい仕事に抑えつけられている肉欲が、身体運動の機会があまりないと立ち戻ってくる」と述べている。

ブルシーロフ攻勢が始まる直前の一九一六年五月二八日に、ウィトゲンシュタインは次のように書いている。

　ここ何週間かは、睡眠が安らかでない。常に任務の夢を見る。これらの夢がいつも僕を目覚める寸前まで追いやる。この二か月の間で、たった三回しか自慰しなかった。

　たしかに、従軍していたり戦闘を目前にしたりする兵士たちの性欲については、一般的な見解を求めることはできないだろう。しかしながら、疲労困憊しているうえに、睡眠が充分にとれず、人間関係に悩み、死の恐怖に直面していれば、性欲も萎えるということもあるだろう。ウィトゲンシュタインの右の書付は、そのことを示唆しているのではないか。それでも、事実として、『論理哲学論考』は従軍中に、時間を見つけて書かれたのだ。

モンクは、ウィトゲンシュタインの哲学的思索と性欲の結びつきについて、次のように論じている。

〔ウィトゲンシュタインが〕自慰した場合に——性欲の対象ははっきりしないが(8)——何ら自己呵責の記録はない。健康状態を記すように、たんに事実として淡々と記している。自慰欲と研究意欲はともに、彼が完全な意味で生きていることを明確にしている証である。彼にとって性欲と哲学的思索とは複雑な形で結びついていた——情熱的喚起としての身体的および精神的顕示——とでも言えよう。（モンク『ウィトゲンシュタイン』）

［コラム］小型砲艦「ゴプラナ」

ウィトゲンシュタインは人間関係に苦しむのだが、その舞台となったのが「ゴプラナ」という小艦である。これは、分類上、「小型砲艦」「監視船」「巡視船」などと呼ばれている。小型砲艦ないしその一種である河川砲艦について説明しておく。

帆船時代から現在に至るまで存在しているために、「砲艦」の外見や役割は時代によって変遷し、さらには、運用する地域でそれらに違いも生じた。こうした事情もあって、「砲艦」とは多種多用であり、定義は難しい。それでも敢えて、第一次大戦期の「砲艦」の特徴を挙げるとすれば、次のようになる。

(1) 比較的小型で、武装も強力なものは搭載していない。具体的には、排水量五〇〇トン程度。装備は、口径七五ミリまたは三インチ以下の砲で、二門程度。ちなみに、小型軍艦の代表として有名な「駆逐艦」は当時、排水量一〇〇〇トン、一二七ミリ（五インチ）砲四門程度が一般的である。

(2) 耐波性が低いため、外洋における航行能力に乏しく、河川・湖における運用が主。ただし、地中海・黒海のような内海や沿岸部での航行が可能なものもある。

(3) 敵との積極的な戦闘ではなく、警備・警戒・監視・通報を主な任務とする。ただし、地上部隊との密接な連携の下に、戦闘支援を行なう用途で設計されたものも存在する。

(4) 特殊な存在として、小型の船に大口径の大砲を一—二門搭載した、浮き砲台のようなものがあり、これを「モニター艦」と称する。これを広い意味での「砲艦」に分類することもある。

外洋と異なり、川は底が浅いため、航行する船の重量が過大であると、川底に接触し損傷や座礁の危険が高くなる。また、川幅や橋桁の高さにより、大きさにも制限があった。ゆえに、河川砲艦は小型軽量な船体にならざるをえず、これに伴い、武装・装甲も基本的には弱体であった。とくに装甲は薄くされることが多く、野砲（砲兵隊が扱う最も軽量な大砲）程度の砲弾であっても、複数発の被弾に耐えられるようには造られていなかった。また、河川砲艦は速度も遅く（速いもので、一五ノット、時速約二八キロ）、しかも、川幅が狭い場合には機動も制限されるため、敵の攻撃に対して機敏な対応はできない。それゆえ必然的に、河川砲艦は偵察・監視といった任務に用いられることがほとんどであった。

第3章　トルストイの『要約福音書』

トルストイの『要約福音書』との出会い

ウィトゲンシュタインは、タルヌフ（現在のポーランドにある町）の小さな本屋で偶然見つけた、トルストイの『要約福音書』を、一九一四年九月一日から読み始めている。翌日の二日の日記に「昨日、トルストイによる福音書への註解〔『要約福音書』〕を読み始めた」と書いていることから、正確な日付がわかる。これは、いわば、トルストイが自分の観点から解釈した福音書である。ウィトゲンシュタインにこの小著が与えた影響は大きく、彼はいつもそれを持ち歩いていた――人呼んで「福音書をもつ男」。彼自身も「トルストイの『要約福音書』をお守りのように常に携帯している」（一九一四年一〇月一一日）と書いている。また、知人のフィッカーには、「この本は私を生かしておいてくれました」と書き送っている（一九一五年七月二四日）。

ウィトゲンシュタインの『秘密の日記』には、「神」と並んで「霊」（Geist）という言葉が頻繁に登場する。一九一四年一〇月一二日の『秘密の日記』には、「ただひたすらに現在の中に、そして霊のために生きるということができない時期が存在する」（強調原著者）という書付が見られる。逆にいえば、彼は「ただひたすら現在の中に、そして霊のために生きること」を望んでいたのである。しかしながら、この「霊」というのは、なかなか理解しづらい概念である。人によって、宗教によって、かなり解釈の幅があるように見受けられる（日記の訳註【30】参照）。

キリスト教では、基本的に、人間は「霊と肉」もしくは「霊魂と肉体」の二つの要素から成り立っていると解釈する。この霊と肉は、正反対の性質と方向性を持っている。そうした相反する霊と肉という二つの要素が結合して、人間はできているのだ。霊と肉という真逆の要素から成り立っている人間においては、必然的に、二つの要素の対立と葛藤が生じる。これが「霊肉の闘い」である。そして、人間は霊と肉という対立要素を自覚することによって、自分自身の内面における対立／争いに直面するようになる。これを克服することが「罪との闘い」であり、この克服（霊の肉に対する勝利）が重要となるのだ。トルストイの『要約福音書』も基本的にこうした見解を踏襲している。

ウィトゲンシュタインは二五歳でトルストイの『要約福音書』に出会うのだが、おそらく、それまでに四つの福音書は読んでいたであろう。そうした下地があって、『要約福音書』から大きな影響を受けたと推測されるが、以下では、その内容と彼の『秘密の日記』の記述の対応する部分を見ていきたい。[9]

ウィトゲンシュタインの日記に「霊」という言葉が頻繁に登場する理由の一つは、トルストイからの影響である。この霊が万人を「神の子」にするのだが、人間ないしキリスト教信者にとって唯一真実な生活は、霊との交わり、霊とともに生きること、そして、「現在に生きる」ことである。トルストイが聖書から引く「無くてはならぬものは唯一つのみ」という句（「ルカによる福音書」第10章）は、「今この瞬間のために、自己自身のうちの霊のために生きることである」というものだ。これは、陰に陽に、ウィトゲンシュタインの生活信条となっている。

それでは、トルストイの『要約福音書』について述べよう。『要約福音書』は、「人は無限なる本源の子である。肉によらず霊によるこの父の子である。ゆえに、人は、霊をもってこの本源に仕えなければならぬ」（緒言）ことを論じた、第1章と第2章から始まる。また、「『要約福音書』とはいったい何であるか」を一言でいえば、「もっぱら福音書の中に書きこまれたり、書き添えられたりしているキリストの教えのなかから、直接われわれに伝えられたものによって〔トルストイが〕行なう、キリスト教の研究」（緒言）となる。いいかえれば、『要約福音書』とは、トルストイがキリスト教の本質だと思うものを、福音書を引用しながら再表現したものなのだ。

そして、トルストイは次のように語っている。

予〔トルストイ〕は光を知らなかったのである、そして、人生には真理の光はないものと考えていたのである。しかるに、人はただこの光のみによって生きるものであることを確信するにおよんで、予は、その源泉を求め始めて、ついにそれを……福音書のなかに見出したのである。そし

て、……予は、わが生および他の人々の生の意義についての疑問に対する完全なる解答を……得たのであった。（緒言）

『秘密の日記』と『要約福音書』

トルストイの言葉を反芻しているという、ウィトゲンシュタインの日記を引用しよう。

〔戦況に関する〕知らせはますます悪くなる。今晩は、緊急配備になるだろう。…僕は心の中で何度も、自分に向ってトルストイの言葉を繰り返し言い聞かせている。「人間は肉において無力だが、霊を通して自由だ」。どうか、僕の中に霊がありますように！　午後、少尉が近辺で砲声を聞いた。僕は非常に昂奮した。恐らくわれわれは非常呼集をかけられるだろう。銃撃戦になったら僕はどのように振る舞うのだろうか？　僕は、自分が射殺されることを恐れはしないが、自らの義務をきちんと果たすことができないことを恐れる。神が僕に力を与えてくれますように！アーメン。アーメン。アーメン。（強調原著者、『日記』一九一四年九月一二日）

トルストイの直接の影響は、ウィトゲンシュタインが「人間は肉において無力だが、霊を通して自由だ」というトルストイの言葉を何度も心の中でくりかえしているところに、端的に現われている。また、『要約福音書』の次のような箇所も、右の引用と関係するだろう。

わが教え〔イエスの教え〕の意味を悟り、万人共通の父を信ずる者は、すでに生命を得て、死から免れた者である。人生の意義を悟った者は、すでに死をはなれて、永久に生きるのである。なんとなれば、父はみずから生きるように、子にもそれ自身のうちに生命を与え、そして、自由を与えたもうたからである。（第5章↑『ヨハネによる福音書』第5章）

この、『ヨハネによる福音書』が基礎となっているトルストイの見解は、『論理哲学論考』では、次のような箇所と関係があるかもしれない。

死は人生の出来事にあらず。人は死を体験せぬ。
永遠が時間の無限の持続のことではなく、無時間性のことと解されるなら、現在のうちに生きるものは、永遠に生きる。（六・四三一一）

ズバリいうならば、これは『要約福音書』の第8章の主題である。第8章の表題は「生命は時間を超越している――ゆえに、真の生命は、ただ現在における生命である」というものだ。その章では「汝ら気をゆるめることなく、つねに霊によって現在に生きよ。霊の生命に時はない」（第8章↑『マルコによる福音書』第13章）といわれている。

さらに、ウィトゲンシュタインが最も好んだといわれる『マタイによる福音書』を下敷きにしている、次のような一節も、彼に訴えるものがあったかもしれない。

神はこの世に霊を与え、霊みずから人のうちに生活し、霊によって生きる人々、相寄って神の国をつくる。霊のためには死もなく悪もない。死と悪とは肉にとっては存在し、霊にとっては存在しないのである。（第3章↑『マタイによる福音書』第13章）

窮地のウィトゲンシュタインを支えた「霊」

ウィトゲンシュタインはトルストイを読んで、すなおに『要約福音書』で書かれていることを受け入れただけであろうか。それとも、彼独自の解釈をしたのであろうか。マクギネスは、彼がトルストイに付けくわえたものとして、「彼〔ウィトゲンシュタイン〕の内なる霊と彼の同一性を強く自覚する点」をあげ、「これこそ、彼が失うまいとし、彼を取り巻く卑しい本性の者〔周りの兵士たち〕に渡すまいと常に気づかった〈自己〉に他ならない」と論じている。そして、翌九月一三日の日記を引用する。

今日、早朝、われわれは全ての積載物をおいたまま艦を離れた。ロシア軍はわれわれを追い詰めている。恐ろしい場面を共に体験した。もう三〇時間寝ていない。自分が非常に弱々しく感じ、いかなる外的な希望も見出すことができない。もし、今、死んでしまうのなら、どうか、自分自身を忘れずに、良い死に方をしたい。どうか僕が、自分を自分自身を失うことがありませんように！（『日記』一九一四年九月一三日）

マクギネスは「ウィトゲンシュタインの内なる霊と彼の同一性を強く自覚する点」というが、この「同一性」は問題である。この「同一性」はそれほど簡単にもたらされるものではなく、著者たちは「ウィトゲンシュタインは、生涯にわたって、この〈霊と彼自身の同一性〉を求め続けていた」というほうが真実に近いと思う。ただし、後で引用するように、「僕は霊だ、それゆえに僕は自由だ」と認めているような場合には、「内なる霊と彼の同一性」を強く自覚していたであろう。

内なる霊と彼の同一性をなかなか得られず、それを求め続けていたウィトゲンシュタインだが、死に直面したときや窮地に陥ったとき、霊が彼を支え続けてくれたことは事実である。たとえば、一九一四年九月一五日の日記には、次のように書かれている。

今、僕に、まともな人間になるための機会が与えられているのかもしれない。というのも、僕は、死と目と目を合わせて対峙するのだから。どうか、霊が僕を照らしてくれますように！（『日記』一九一四年九月一五日）

ウィトゲンシュタインが霊によって支えられたことは、マクギネスも論じている。この解説で何度も引用するが、戦闘前、危険や死の恐怖を感じたときなど、ウィトゲンシュタインは「神が自分とともにいること」「霊が自分とともにいること」を祈っている。マクギネスは「一般的にいうと、戦闘が目前に迫ったときには、彼の霊は良好であった」と述べている。それだけ、霊の存在がウィトゲンシュタインにとって重要であったということを、彼はいいたいのだろう。もちろん、日記には「恐ろしい」という語が頻出するし、精神的沈鬱状態に陥ることもしばしばあった。それでも、「危険のときと抑鬱のとき、彼の霊は、彼に分かち与えられた霊は、勝利をおさめないまでも、彼を支えた」(マクギネス)といえよう。

ある時、ウィトゲンシュタインは、ロシア軍のいる中を航行してザヴィホストに行き、兵員と物資を陸揚げする予定であることを聞いた。

つまり今夜！——！　われわれは速射砲と機関銃を撃つことになるだろう。聞いたところでは、命中させることよりは騒音を出すことを目的として。僕はまた、事態は危険になってゆくだろうと読む。もし、僕が探照灯で照らさなければならなくなれば、確実に僕は終わりだ。しかし、それは何でもない。というのも、為すべきことはただ一つだからだ！　一時間のうちにわれわれは出航する。神は僕とともにいる！(強調原著者、『日記』一九一四年一〇月一二日)

第2章で書いたように、砲撃のための照準合わせの援助など、探照灯は敵を照らすと同時に、敵の絶好の標的となる。また、ウィトゲンシュタインたちの乗っている小型砲艦（ゴプラナ号であれ別の艦であれ）は、攻撃に対して充分な防備をととのえることはできていない。

実際には、一〇月一二日の命令は撤回され、翌日、ウィトゲンシュタインたちはもとの場所へ引き返した。両岸から重砲が火を噴いてくる――「榴弾がわれわれの上を飛んでゆき、ピューピュー音を立てる」――危険きわまりない日であった。

ところが、なんとその翌日（一〇月一三日）、ウィトゲンシュタインは「僕は終始これまでにないほど気分がよく、轟音によってほとんど酔い心地であった」というのだ。さらに驚いたことに、「僕は霊だ、それゆえに僕は自由だ」（強調引用者）とまで認めているのである。どこまでウィトゲンシュタインの言葉を信用するかは読者に委ねるが、『秘密の日記』を読んでいると、たとえ誇張があるとしても、これはありえないことではない。この記述を信じるとすれば、ウィトゲンシュタインは、少なくともこの時は、霊と完全に「同一」の存在になった（と信じていた）のである。

さらに、ウィトゲンシュタインは度重なるロシア軍からの激しい攻撃にさらされる時、ひょっとしたら、『要約福音書』の次のような一節も思い出したかもしれない。

とりわけて――汝の肉体を殺しうる者ども〔ロシア兵たち〕を恐れてはならぬ。汝らの霊にたいしては、彼らといえども指一本差すことはできぬのである。されば、彼らを恐れてはならぬ。ただ、父の意志を行なうことより遠ざかって、肉と霊とを滅ぼすことを恐れよ——汝らの恐るべきはこれである。(第5章↑『マタイによる福音書』第10章)

ウィトゲンシュタインがいうには、「外的な境遇が良い時には、われわれは肉の無力についてなど考えない。しかし、危急の時に思考すると、肉の無力が意識されるようになる。そして、人は自分自身を霊へと向ける」(一九一四年一〇月五日)。大切なことは「生が自ら終わる時まで、善きものと美しきものの中で生きること」(一九一四年一〇月七日)である。

〔コラム〕 機関銃の歴史

銃の発達史——銃火器が西暦一三〇〇年頃、戦場に登場して以来、「短時間でいかに多くの弾丸を発射できるか」ということには、銃の射程を延伸させることとともに、最大の関心が払われてきた。最初期には、一分間に一発程度で、それから三〇〇年後の関ヶ原合戦の頃でも、一分間に二―三発であり、一九世紀初頭のナポレオン戦争においても、あまり変化はみられなかった。それが劇的な変化を遂げるのは、南北戦争以降である。それまで、弾丸・発射薬・点火薬の三つに分かれていたものが、「金属製薬莢」の登場により一体化が可能となり、それに伴い、銃内部に複数の弾丸を収納する事が出来るようになった。これによって、一分間に一五発程度へと発射速度が向上する——ただし、銃内部に最大七発程度しか入らないので、実際にはそれほど射つことはできなかった。

しかし、これらはいずれも手動操作によるものであり、銃器開発者や軍人が夢見た「自動的に連続して弾丸が発射されるもの」とは程遠いものであった。けれども、前述した金属製薬莢の登場によって、銃の自動化を妨げる要因のほとんどは解消されることになる。金属製薬莢は薄く柔らかい真鍮で出来ているために、発射薬の燃焼ガスにより膨張して銃身に密着するのだが、それが後方へのガス漏れを防ぐという利点を生み出す。これで、連続発射時に、射手が高温の燃焼ガスを顔面に浴びる危険性はなくなった。また、余分な燃焼ガスを利用して自動的に薬莢を排出し、新たな弾丸を装填するという機構の搭載も可能となった。

「マキシム機関銃」の機構と問題点——一八八四年、世界初の実用的機関銃が誕生することとなった。イギリス人のハイラル・マキシム開発の「マキシム機関銃」である。この機関銃は、前述した燃焼ガスではなく、発射時の反動を利用するものであった。薬莢内の発射薬を点火する場所（薬室）の後方を閉鎖している部品を「ボルト」という。点火後の強烈な燃焼ガスは、行き場を失い、前方すなわち銃口へと弾丸を押し進めつつ流れていく。ガスと同時に発生する後方への反動も、また強烈なので、これにより薬室が開放されないように、ボルトを一時的に固定する。薬室内のガスが危険でない程度まで減少した後、ボルトの固定が自動的に解除され、残余の反動によりボルトが後退する。その際、ボルトに付いた「爪」が薬室内の薬莢を掴み外部へと排出する。ボルトが限界まで後退すると、内蔵されたバネの力により再び前進する。今度は新しい弾丸を掴み、薬室を閉鎖するのだ。この繰り返しにより、弾丸がある限り連続発射し続ける、というわけである。

このマキシム機関銃は、実に、一分間に約五〇〇発射つ事ができた。もちろんこれは理論上の数値なので、実際にこれだけの弾数を発射することはなかった。というのも、弾丸が秒速七五〇メートル近い高速で銃身を通過する際に生じる摩擦による「熱」は、一発だけであればさほど問題にならないが、大量に発射した場合には銃身が変形してしまい、それに伴って、発射ガスの圧力に耐えられなくなった銃身が、最悪の場合には、破裂（腔発）してしまうことになるからだ。それでも、この機関銃は当時の歩兵三〇人分の火力に匹敵する力を有していた。

しかし、不思議に思われるかもしれないが、マキシム機関銃は各国の軍に大量に採用されることはなかった。理由としては、次のようなことがあげられる。(1) 当時の黒色火薬（現在でも花火等で利用）は、不純物が多いために発火の際に煙が上がり、多数の弾丸を発射すればそれだけ大量の煙も生ずることになる。それにより、機関銃の位置が簡単に敵に察知されてしまう。(2) 不純物の存在は銃身内部の汚れに繋がり、大量に付着したまま発射を継続した場合、銃身破裂の恐れがある。それゆえ、実戦においては、銃身を頻繁に清掃する必要がある。(3) 機関銃には当時最新の技術が用いられていたが、これは、裏を返せば、成熟した扱い易い技術で製造されてはいないことを意味する。実際、軍関係者への売り込みを図るデモンストレーションにおいても、途中で故障し、動かなくなることもしばしばあった。

軍の機関銃に対する評価は依然低かったものの、各機関銃製造企業は欠点の洗い出しを行ない、着実に実用性を高める改良を施していった。そして、機関銃が重要な兵器であることが認識されると、各国ともこれを重点的に生産することになる。戦前から機関銃に対して一定の評価をしていたドイツ軍ですら、開戦時、一六〇〇挺の保有数しかなかった。だが、一九一五年一二月には八〇〇〇挺、一九一七年一月には一万六〇〇〇挺、一九一八年一月には三万二〇〇〇挺と、実に開戦時の二〇倍にまで、機関銃の保有数は膨れあがったのだ。

第4章 『論理哲学論考』と「撃滅戦」

『論理哲学論考』について

『論理哲学論考』は、文番号(10)「一」の「世界は成立している事柄の全体である」から始まって、かの有名な文番号「七」の「人は、語りえぬものについては、沈黙しなければならない」で終わる小ぶりの著作である。『論考』では、「世界の成り立ちはどのようなものか」「言葉は世界のありさまをどのように写し取るのか」「文(命題)はどのような組み合わせの場合に真や偽になるのか」などについて書かれている。そして、そのほとんどの議論は論理学にかかわるものであり、文番号「六・四」あたりで、論調がガラリと変わる。論調が変わるのは、ウィトゲンシュタインが「ブルシーロフ攻勢」を経験してからである。そのことについては、第7章で詳細に論じるが、文番号「六・四」あたりから、生・死・倫理・宗教などをめぐる論究が中心となってくるのだ。

その『論考』の「序文」には、こう書かれている。

ここ〔『論考』〕で述べられている思想の真理性は、犯しえず、決定的に思われる。それゆえ、私は、さまざまな問題をその本質において終極的に解決した（endgültig gelöst）つもりである。（強調原著者）

「さまざまな問題」とはいかなる問題かということについては異なる解釈もあろうが、さしあたり、「哲学的諸問題」だとしておこう。「さまざまな問題をその本質において終極的に解決した」というのは、哲学的な問題は「言語に対する誤解」から生じるものであるから本当の問題ではないのであり、自分はそれらを「消滅」させてしまった、というようにも読める。哲学的諸問題を消滅させたということは、軍事用語でいうならば、それらを「殲滅」した／「撃滅」したということである。

本章では、ウィトゲンシュタインが従軍中に書き続けた『論理哲学論考』と軍事上の「奇襲」「突破」「撃滅（戦）」などを関連付け、『論考』を彼自身の戦闘体験との関係で考えてみたい。すなわち、『論考』の「序文」にある「さまざまな問題の終極的解決」は、軍事用語の「撃滅（戦）」「殲滅（戦）」と関係あることを指摘し、「序文」の言葉は、『論考』における「哲学的諸問題への撃滅戦／殲滅戦の成功」を意味していることを論じたい。後ほど引用するように、実際に、ウィトゲンシュタイン自身が軍事用語で自分の哲学的思索を表現している部分もあるのだ。

『論理哲学論考』の執筆時期

ウィトゲンシュタインの『論理哲学論考』の執筆時期と、志願兵として第一次世界大戦に参戦した時期とは、ほぼ重なる。彼が要塞砲兵連隊に登録されたのは、一九一四年の八月七日である。『論考』に結実する『草稿一九一四―一九一六』(以下『草稿』とも略記)は一九一四年八月二二日から、『秘密の日記』は同年八月九日から、それぞれ書き始められる。もちろん、『論考』と関係のある思索は、『草稿』の執筆開始以前に、ショルデンの小屋などでもなされていたことだろう。

第8章で詳しく書くが、二八歳のウィトゲンシュタインは、一九一八年二月に少尉に昇進し、三月に東部戦線のアジアゴに移され、山岳砲兵連隊に配属される。六月一五日、アジアゴ地域におけるオーストリア側の最後の攻撃で、彼は勇敢に闘い、士官に与えられる「金の勇敢章」に推挙される。その後、七月から八月にかけて、ウィトゲンシュタインは軍人として最後の長い休暇を、ウィーンとザルツブルク近郊で過ごすことになる。おそらく、この休暇中に『論考』は完成されたと推測されている。その理由の一つは、ウィトゲンシュタイン自身が、一九一九年三月一三日付のラッセルあての手紙に次のように書いているからである——「私は一九一八年の八月にこの本〔『論考』〕を完成し、二か月後に捕虜になりました」。そして、『論考』の「序文」を書いた年は「一九一八年」、場所は「ウィーン」となっている。

なお、『論考』が紆余曲折をへて一冊の書物となるのは、一九二二年一一月だが、その前の一九二一年の秋に『自然哲学年報』（第一四巻第三・四号）に掲載されている。

ウィトゲンシュタインの従軍と『論理哲学論考』

『論理哲学論考』の執筆時期が従軍期間と重なるとすれば、一般の人には「戦争にいって、激戦の中で死と向かいあいながら、哲学的な著作の執筆などできるのか」という疑問がわくだろう。ウィトゲンシュタインは、ヘルニアやカタルの諸症状、軍事上の危険な任務、恐怖感、精神的抑鬱、孤独感、食糧等の物質的欠乏などの最中で、『論考』となって結実する哲学的思索を展開しなければならなかった。従軍中に哲学的思索（それも最高度の思索）などできるものだろうか。

しかし、「神」や「霊」とともに、逆説的に「哲学的思索活動が従軍中のウィトゲンシュタインを支えていた」という解釈も可能である。マクギネスは「入隊したとき、ウィトゲンシュタインはまるで哲学が入隊した目的の一つであるかのように書いている」という。そして、入隊間もない時の日記を引用する。これは『日記』の最初の日の書付である。

はたして僕は今後仕事〔哲学的思索活動〕ができるのだろうか？？！　来るべき〔軍隊〕生活を思うとわくわくする！（『日記』一九一四年八月九日）

『秘密の日記』において、ウィトゲンシュタインが「仕事をする」というのは、多くの場合、「哲学的思索をする」ということである。そして、マクギネスは「これ〔右の日記〕が意味するところは、この変化〔軍隊生活の開始〕により彼の仕事の能力が回復するのではないかということである」と論じている。しかしながら、彼の軍隊生活がそれほど甘いものでないことは、すでに何度も見てきたとおりである。それでも、『日記』が如実に示すように、心身ともに辛いことの多い軍隊生活において、ウィトゲンシュタインは『論考』の草稿を書き続けたのであった。第1章で紹介したように、彼はマルコムに、どのようにしてノートをリュックサックに潜ませ、どのようにして『論考』を形作った諸思想をその中に書きとどめたのかについて、話したのであった。

『日記』には「まったく仕事ができなかった」「いくらか仕事ができた」「たくさん仕事ができた」などという、哲学上の仕事の進捗状況についての書付がきわめて頻繁に見られる。これは、それだけ哲学的思索を重視していたことの、明確な証だといえよう。

哲学的思索が戦場における精神的支えとなっていることを示唆する書付もある。例えば、次のようなものだ。

僕は確かに霊を通して自由だが、しかし、霊は僕を見放した！　夕方、まだいくらか仕事をすることができた。そのあとでは、いくらか〔気分が〕ましに感じた。（『日記』、一九一四年九月二一日）。

たくさん仕事をした。仕事という恩寵！！（同、一一月二日）

ただ、自分自身だけは失わないこと！！！　集中せよ〔自分自身を集めよ〕！　そして時間つぶしのために仕事をするのではなく、生きるために、敬虔に仕事をせよ！（同、一一月一二日）

こうした箇所も踏まえて、マクギネスは、次のように論じている。

「仕事は賜物〔恩寵〕だ！」とウィトゲンシュタインは一度ならず強調している。困難の最中にあっても、人は自己自身と仕事に引きこもることができる。しかし、仕事はたんに時をやり過ごす方法の一つであってはならず、生きることを可能にすべく、神妙な態度でなされなければならない。仕事をしていると気分もよくなり、抑鬱が去った。（マクギネス『ウィトゲンシュタイン評伝』）

また、哲学上の「仕事」をする力は周期的に現われるのだが、マクギネスは「それを決定するのはたいてい内面の状態であった」と述べる。種々の体調不良、頭上の砲弾、危険な任務、腹立たしい人間関係などにもかかわらず、「内面の状態」が良ければ、ウィトゲンシュタインは仕事ができた。だが逆に、心の平安が得られないときには仕事ができなかった。

そういえば、マルコムの証言では、ある芝居のなかで登場人物の一人が「世界の中で何が起ころうとも、自分には悪いことなど起こりうるはずがない――自分は運命や周囲の事情とは無関係だ」という考えを表明したことについて、ウィトゲンシュタインは心を打たれたのであった。また、モンクも「外的にどんなことが起ころうとも、彼の最内奥には何も起こりえないという観念」の重要さを指摘していた。彼にとって、最も大切なことは、死の恐怖の最中におかれようとも、「決して自分自身を失わないこと」「自分の最内奥では何も起こらないこと」である。現下の文脈では、従軍の間でも哲学的思索に集中することである。マクギネスのように「哲学的思索活動が従軍中のウィトゲンシュタインを支えていた」といえるか否かについては、議論の余地があるかもしれないが、辛いことの多い軍隊生活においても、ウィトゲンシュタインはかなりの量の哲学的思索の軌跡を書き続けた、という事実だけは疑えない。これについては『草稿一九一四–一九一六』が何よりも雄弁に語っている。

遂行されるべき職務は一つ

ウィトゲンシュタインは、種々の問題・課題・職務を明確に区別していなかった、と推測できる。これは彼の気質からくるものかもしれないし、信念からくるものかもしれない。当然のことながら、論理学上の問題を解くことと軍務を遂行することとは、質的に異なった行為である。だが、いかに異なる問題・課題であろうとも、それに立ち向かう「態度」に共通点を見出すことは可能である。第3章でみたように、ウィトゲンシュタインは「現在に生きる」ことを何度も強調している。これは「あらゆる問題・課題に全力で取り組むこと」といいかえることができよう——もちろん、彼も人間だから、常に、というわけにはいかないのだが。

マクギネスは、ウィトゲンシュタインは「遂行されるべき職務は一つ」と考えていたことを強調している。その職務とは「自分を辱めることなく死と向き合うことと、〈奇襲〉により自分の全哲学的問題の解決に向けて突破をはかること」とである。比喩的にいえば、ウィトゲンシュタインは、自分の生き方や哲学上の問題の解決のために、第一次世界大戦中のドイツの軍事思想ではやった「撃滅戦」の理論を信奉していた、というのだ。彼は「決定的／最終的解答」を人生にも哲学にも与えたかったのである。ただし、ウィトゲンシュタイン自身は『秘密の日記』のなかで、マクギネスのいうように、「奇襲」「突破」「撃滅戦」という言葉を使って、自分の哲学的思索を論じている部分はない。しかしながら、一九一四年一〇月二四日・二九日・三一日などの日記では、彼の哲学的職務を軍事的状況になぞらえている。

　非常にたくさん仕事をした。確かに、まだ成果はないのだが、かなり確信を持っている。僕はいま、僕の〔学問的〕問題を攻囲している。(強調原著者、『日記』一九一四年一〇月二四日)

　依然として、〔学問的〕問題を攻囲しており、既にたくさんの堡塁を奪取した。今は、最も調子の良い時のように、はっきりと穏やかに〔問題を〕見渡すことができる。(同、一〇月二九日)。

　一日中仕事をした。問題に、やぶれかぶれで突撃した！　しかし、僕は、目的を果たさずに撤退するくらいなら、この要塞の前で自らの血を流そう。もっとも大きな困難は、一度征服した要塞を、そこに落ち着いて座することができるようになるまで保持することだ。そして、市街が陥落

しないうちは、堡塁の一つにずっと安座するなどということは決してできないのである。(強調原著者、同、一〇月三一日)

引用文では明らかに、軍事で使用される「攻囲」「堡塁」「突撃」「要塞」「血を流す」「征服」「陥落」などの比喩が用いられていることがわかる。

ウィトゲンシュタインは東部戦線で戦うわけだが、戦闘においては種々の作戦が遂行される。「奇襲」「突破」「撃滅」は、第一次大戦でも用いられた作戦であり、彼自身も、敵の場合であれ味方の場合であれ、こうした作戦と関わりながら、軍事行動をとったのである。「奇襲」「突破」「撃滅」についての知識を得たうえで(コラム、二一〇頁参照)、『論理哲学論考』と「撃滅/殲滅」という言葉を結び付けて、ウィトゲンシュタインの戦争体験と哲学的思索について想像をめぐらしてみたい。

『論理哲学論考』の二本の柱――「写像の理論」と「真理関数の理論」

ここでは、『論理哲学論考』の二本の柱である「写像の理論」と「真理関数の理論」について簡単にみて、それから、「奇襲」「突破」「撃滅」という考え方を『論考』に適用してみたい。また、「撃滅」と「殲滅」は同義語といってよい(コラム参照)ので、以下では、「撃滅」という言葉で、殲滅と撃滅を一括する。

さきに引用したように、『論考』の「序文」で、ウィトゲンシュタインは、一見では自分の力量の貧弱さを認めながらも、次のように書いているのであった。

ここで述べられている思想の真理性は、犯しえず、決定的に思われる。それゆえ、私は、さまざまな問題をその本質において終極的に解決したつもりである。

比喩的にズバリというならば、ウィトゲンシュタインは哲学上の諸問題を「撃滅」したのだ。

それでは、『論理哲学論考』の二本の柱について簡単に説明しよう。第一の「写像の理論」は、文(命題)が世界のありさまを写し取ることに関わるものである。どうして写像が可能なのかというと、言語の側と世界の側との双方に、「論理形式」(「現実の形式」「写像の形式」)というものが共通して存在しているからである。すなわち、写真と被写体との間に「何か共通のもの」があるから、カメラでいろいろなものを撮ることができるということだ。

こうしたアイデアはどこから生まれて来たのだろうか。マルコムは、ウィトゲンシュタインがこの着想を得た時のことについて自分に語ってくれた模様を、以下のように回想している。

ウィトゲンシュタインは『論理哲学論考』に関係ある話を二つ、私にしてくれたことがある。……一つは、『論考』の中心的な考え方――命題は写像である――の起源に関するものである。この考えがウィトゲンシュタインの脳裡に浮かんだのは、第一次大戦中、オーストリア軍に配属されていた時のことであった。彼は、ある自動車事故のありさまと位置を図面ないし地図によって記載している新聞に目をとめた。ウィトゲンシュタインの念頭に思い浮かんだのは、この図が命題であり、その中に諸命題の本性——すなわち、実在を写しだすこと——が露わにされている、ということであった。(強調原著者、マルコム『回想のヴィトゲンシュタイン』)

つぎに、先ほどの一九一四年の一〇月二四日・二九日・三一日付の『秘密の日記』が書かれた日に対応する『草稿一九一四—一九一六』の哲学的論述に目を転じよう。

> 論理的写像に関する私の理論は、一方では、唯一可能な理論と思われるものの、他方では、そこには解決しえない矛盾があるように思われるのだ!
>
> 完全に一般的な命題が実質性を完全に除去されているのでないとすれば、命題は一般化によって、私が思ったほど実質性を除去されることは、おそらく決してないであろう。(『草稿』一〇月二三日)
>
> およそ言明をなしうるためには、われわれは、言明が真であればいかなる事情にあるかを、ある意味で知らねばならない。(そして、まさにこのことをわれわれは写像するのである。)(同、一〇月二四日)
>
> ……すべての描出に共通なことは、それが正しいか正しくないかでありうること、真か偽であ

りうることである。

というのも、像ならびに描出の仕方は、描出されることの完全な外部に位置するからである！ 両者を合わせたもの、すなわち、ある特定の様式に従った像が、真または偽なのである。……（強調原著者、同、一〇月三〇日）

描出の仕方は写像を行なわない。命題のみが像である。

描出の仕方は、現実が像といかに比較されねばならないかを決定する。（強調原著者、同、一〇月三一日）

これらの引用部分には、「論理的写像」「命題の一般化」「描出」「正しい／正しくない」「真／偽」「写像」といった術語や、「命題のみが像である」「現実が像といかに比較されねばならないか」などの文章が見られる。こうしたことから判断して、この頃のウィトゲンシュタインが「写像」理論について思索していたことに、疑いはない――もちろん、これは、ほかのところでも「写像」について考えていたことを否定するものではない。

第二の「真理関数の理論」というのは、いろいろな文（命題）がどのような組み合わせになると「真」（正しい文）になったり「偽」（正しくない文）になったりするのか、についての理論である。たとえば「私の眼前にある小銃は黒いし、私の傍にある機関銃も黒い」という文は、「私の眼前にある小銃は黒い」ことが真であり、かつ「私の傍にある機関銃は黒い」ことも真である場合に限って、成り立つ。どちらかの文、または二つの文が偽であれば、この文は全体として真にはならない。けれども、「私の眼前にある小銃は黒いか、私の傍にある機関銃は黒い」という文は、「私の眼前にある小銃は黒い」ことが真であるか、もしくは「私の傍にある機関銃は黒い」ことが真である場合に、成り立つ。つまり、どちらか一方の文が真であれば（または二つの文が真であれば）、この文は全体として真になるのだ。

以上のことを要約すると、次のようになる。まず、「論理形式」によって、世界のありさま（事実）とそれを写し取る文（命題）との対応関係（写像関係）が保証され、つぎに、「真理関数の理論」によって、「複合的な文がどういう組み合わせの場合に真になり偽になるのか」が判明するとしよう。そうすると、文（命題）が写し取ることのできる事柄の範囲（＝すべての「事実」の領域）が決定され、われわれが「語ることのできる」事柄の範囲が決定される。これと同時に、「語ることのできない」事柄の範囲も示されることになる。

現在の天候、夕食のメニュー、交通事故の様子、自然科学上の事柄などは、前者の「語ることのできる」事柄（事実）に属することになる。これに対して、宗教や倫理の本質的な事柄などは、文によって写しとれないから（事実ではないから）、後者の「語ることのできない」事柄に属することになる。一言でいうと、ウィトゲンシュタインは「語ることのできる領域」と「語ることのできない領域」との間に明確な線引きをしたのである。そして、「真なる事柄を語る場合にはこうしなければいけない」ということを示し、「語りえないものについては何も語ってはいけない」と命じたのである。

これで、ウィトゲンシュタインの哲学上の仕事は終わってしまった。哲学者として、「さまざまな問題をその本質において終極的に解決した」のなら、もう残された仕事は存在しない。事実として、彼は潔く、しばらく哲学から離れてしまう。教会の庭で仕事をしたり、教員免許をとって五年七か月にもわたって小学校教員になったり、「建築家」として姉の嫁ぎ先のストンボロー邸の建築に携わったりすることになるのだ。

『論理哲学論考』における哲学的諸問題の「撃滅」

従軍中に『論理哲学論考』を書き続けたウィトゲンシュタインは、哲学的な諸問題を「終極的に」「決定的に」解決してしまおうと狙っていた。つまり、哲学的な諸問題に対して「撃滅戦」を仕掛けようとしていたのである。これはなかなかうまくいかなかったが、結果的に、「写像」概念を「奇襲」的に導入して、諸難問を「突破」し、哲学的諸問題を完全に「撃滅」した、ということになるだろう。そして、それが『論考』として結実したのだ。

その撃滅の仕方は、哲学の諸問題を「解決する」というものではない。それらは、言語や「言語の論理」に対する誤解・無理解から生じた疑似問題であり無意味な問題だから、本質的に「解く」ことはできないのである。このことを洞察し、哲学的諸問題を「消去する」「解消する」「捨て去る」ことが、『論考』における撃滅戦の眼目なのだ。クラウゼヴィッツの『戦争論』の言葉（コラム参照）をもじっていうと、「哲学的問題の撃滅、すなわち、それらの無力化〔＝解消〕が〔哲学の〕常にまた唯一の手段である」ということになる。また、『論考』の終わりから三つめの文章には、次のように書かれている。

哲学の正しい方法とは、本来、次のごときものであろう。語られうるもの以外は何も語らぬこと。……哲学とは何の関わりももたぬものしか語らぬこと。——そして、他の人が形而上学的な事柄を語ろうとするたびごとに、君は自分の命題の中であるまったく意味をもたない記号を使っていると、指摘してやること。……これこそが唯一の厳正な方法であると思われる。（六・五三）

その後一〇年くらいたって、ウィトゲンシュタインは先の「写像」概念の導入を反省するようになる。すなわち、写像概念は論理学的要請に過ぎなかったことや、言語の有意味性を実在世界との対応関係によって保証できないことに気がついたのである。

この事実はさておき、『論考』の「序文」の言葉は、執筆当時において、哲学上の諸問題に対する「撃滅戦」が成功したことを高らかに述べている、と解釈することができよう。先に引用したように、『論考』の「序文」には、次のように書かれていたのであった。以上の著者たちの解釈を踏まえて再度読み直していただきたい。

ここで述べられている思想の真理性は、犯しえず、決定的に思われる。それゆえ、私は、さまざまな問題をその本質において終極的に解決したつもりである。

以上、ウィトゲンシュタイン自身の言葉を引用しながら、また、著者たちの想像によって、彼の哲学的思索と軍事的な事柄との関わりの一端を示した。読者にはあまりにも飛躍した議論に思われるかもしれないが、『論考』の「序文」には、哲学的諸問題に対する撃滅戦の成功の響きが聞こえないだろうか。

［コラム］奇襲・突破・撃滅

奇襲――「奇襲」とは、一言でいうと、「相手の想定している時期・場所・数量もしくは他の要素で、いずれかまたは複数の点において想定外の事実を引き起こすことにより、物理的・心理的衝撃を付随させる攻撃」である。分かりやすくいえば、「不意討ち」である。奇襲により、多くの場合において、混乱を誘い有利に戦闘を進めることができるため、古来、洋の東西を問わず、奇襲が試みられてきた。たとえば第二次世界大戦では、真珠湾攻撃やバルバロッサ作戦（独ソ戦）、オーバーロード作戦（ノルマンディ上陸作戦）が知られている。これらの作戦において、奇襲は成功し大きな戦果を納めている。

なお、奇襲は、夜や霧といった天候に紛れて襲撃するのが昔から一般的である。ただし、これだけだと時期が制限され、さらには運任せになる。そこで、これに人為的要素を加えた、複雑かつ繊細な作戦が練られるようになっていく。

奇襲において最も重要なのは「自軍の行動を秘匿すること」だが、これを静粛に行なうだけでは限界が生じる。そこで、あえて目立つような行動をとり、敵が誤った判断をするように仕向ける方法もとられた。例えば、北部での攻勢を考えているさいに、逆の南部において部隊の集結や物資の集積を行なうことで、こちらはこの方面からの攻勢を計画していると、敵に思わせることができる。また、このような行動をさらに大胆にすることで、敵に南部からの攻勢はまやかしであると思わせ、裏のそのまた裏をかいて敵を油断させ、南部で攻勢を開始することなどがある。

突破――「突破」とは、「攻撃によって、敵の戦線に穴を空け、そこから自軍を突入させ、敵の後方へと進出する」ことを意味する。その目的としては、(1)敵の包囲から逃れるため、(2)他の味方部隊と合流するため、(3)突破により敵を分断し、個別に部隊を撃破するため、という三つのものがある。(1)や(2)については分かりやすいと思うので、(3)について説明したい。

本来、部隊は、互いに緊密な連携により隙をなくし、役割を分担することで、持てる戦力を充分に発揮させ、攻防を行なう。攻撃の場合には、敵の部隊を分断することにより、敵の連携は弱まり、さらには突破の際の混乱も加わって、戦力・兵数ともに低下した敵部隊を個別に撃破する。ただし、敵の対応によっては思わぬ危機に陥ることもある。紀元前二一六年の「カンネー会戦」において、ローマ軍は数にものをいわせてカルタゴ軍に向かっていった。けれども、カルタゴ軍は、中央部を後退させ半円型の陣形になることで、敵の攻撃を吸収するとともに、敵を包み込む形となった。その上で、両翼に展開していた騎兵を敵の後方に機動させ、包囲網を完成させたのだ――もちろん、包囲のやり方には別の方法もある。この場合のローマ軍のように、敵に柔軟な対応をとられたり、自軍の突進力が不足していたりする場合には、かえって自らが大きな危機に陥ることもあった。

とりわけ第一次大戦においては、塹壕線が両翼に長く構築されていて、密かに敵を包囲することはほぼ不可能となっていた。そのため、「突破」戦術が多用された。最初は攻撃地点を一点に絞り、何日にもわたる砲撃を加えた後に、大兵力を集中させる方法が取られていた。しかし、この戦術はことごとく失敗に終わった。その理由は、いかに激しい砲撃をもってしても、堅固な塹壕および地下退避壕に避難した兵士のいずれにも、大きな損害を与えられなかったからである。それどころか、敵に「どの地点にいつ攻撃があるか」を教える結果を生み出した。さらに、凄まじい規模の砲撃は味方の兵士たちの進撃路を穴だらけにし、その前進を妨げすらしたのだ。

夥しい数の死傷者という高い授業料を支払うことで、各国は戦術に改良を加えることになった。すなわち、砲撃は、数時間程度に留めつつも密度は最大にし、全体の戦力はそのままにしておきながらもそれを分散させ、多数の地点で突破を試みる方法へと変化した。この新たな方法により、防御側の不意を衝くことができるようになり、また、作戦開始後も「どこが主たる攻撃地点か」を悟られる危険を著しく減少させることに繋がった。さらに、砲撃を自軍歩兵の前進に合わせ先へ先へと進め、敵に立ち直る隙を与えない「移動弾幕射撃」や、狭い塹壕内で威力を発揮する短機関銃や手榴弾を主要武器にした「突撃歩兵」が新たに産み出された。

　これらを組み合わせることで発展した、新たな戦術である「浸透戦術」が多くの兵士の屍の上に完成し、さらに、新兵器「戦車」の登場により、長く続いた塹壕戦に終止符が打たれることとなる。

撃滅（殲滅）――「撃滅戦」と「殲滅戦」の区別は難しいのだが、以下で論じるように解釈すればよいだろう。「撃滅」と「殲滅」は同義語といってよい。あえていうならば、「殲滅」の場合、「殲」の字は「滅」と同じ意味があるために、例えば「皆殺し」のようなきわめて強い、また残虐な印象を与える。一方、「撃滅」は攻撃によって滅ぼすことを意味しているに過ぎない。

　不朽の「戦争哲学書」とされる『戦争論』の著者、クラウゼヴィッツは次のように記している――「戦争が敵にわが意志を強要するための力の行使であるとするならば、敵の撃滅、すなわち敵の無力化がそのために常にまた唯一の手段である」と。

　引用文中に出てきた「撃滅」「無力化」という状況を指す部隊の損害を表現した「全滅」「壊滅」という用語がある。こうした言葉を聞くと、一般的には無傷な兵がほとんどいないという印象をもつだろうが、軍事においては、「全滅」は損耗率四〇パーセント、「壊滅」は五〇パーセントを越えた状態に用いられる。その理由を説明すると、次のようになる。部隊単位が大きくなればなるほど、それを維持するために、戦闘を担う前線部隊以外の補給・医療・炊事・修理などに従事する後方部隊の存在が必要不可欠となる。ゆえに戦闘部隊であれ、後方部隊であれ、一定の割合を超えた損耗が生じると、その部隊は部隊としての役割を果たせなくなる。その状態を指して「全滅」「壊滅」と称するのである。

第5章　ブルシーロフ攻勢前夜⑪

何度も配置換えされたウィトゲンシュタイン

第2章において、小型砲艦「ゴプラナ」の艦内で、ウィトゲンシュタインが人間関係に苦しむ様子を紹介した。しかしながら、馬が合わない戦友や上官とうまくやっていくことに困難を感じていた彼に、転機が訪れる。彼に数学の知識があるのを聞きつけた、ギュルト中尉が、工廠内の自分の分隊に彼を配属させたのだ。一九一四年一二月九日、ウィトゲンシュタインは守備隊作業場「自動車・大砲」支隊の一員になり、翌日、入隊から四か月にして初めて「ベッド付個室で一人過ごす贅沢」を味わったのである。

僕の荷物を艦からここの新しい住居に運んだ。とても感じの良い、小さくもない部屋だ。四か月ぶりに、初めて一人で本当の部屋にいる！！　僕はこの贅沢を味わう。仕事には取り掛かれなかった。しかし、今に何とかなるだろう。僕は非常にたくさんあちこち駆けずり回ったせいで、とても疲れた。再びベッドで眠ることができるというのは、なんという恩寵だろうか！　なんという、事実として与えられた恩寵だろうか。（強調原著者、『日記』一九一四年一二月一〇日）

そこでの最初の仕事は、ある兵営内の自動車のリスト作成といったひどく退屈なものであったうえに、通常、まる一日を事務所内で過ごさなければならなかった。戦闘とはしばらく縁がなくなるわけである。退屈な仕事であっても、それまで無教養で粗野な人々と暮らしていたウィトゲンシュタインにとって、教養があり、自分と共通する趣味をもった将校たちとの交流は、彼に精神的支えをあたえた。ギュルト中尉はウィトゲンシュタインに目をかけたようである。彼は「軍属」（実際には階級を伴わない事務職）にされ、その後、「副官」（これも階級ではなく中尉を補佐する役）に抜擢された。さらに、一九一五年二月三日には、鍛冶作業場監督に任命された。

しかし、以前と同様に、人間関係はうまくいかないこともしばしばあった。たとえば、監督になって間もなく、将校の一人と非常な緊張関係におかれることになったのだが、ウィトゲンシュタインは「今、士官の一人――士官候補生のアダム――と非常に緊迫した関係にある。われわれの間で決闘が起こるということもありうる」とまで書いているのである（一九一五年二月一一日）。屈強な人間ではない彼が決闘を考えるとは、よほどのことだったのであろう。さらに、ウィトゲンシュタインはくり返し人間関係に不快感を訴えているので、鍛冶作業場での仕事は苦痛をともなうものであったようである。長時間働いたうえに、そこでの地位は不満足なものであった。彼は責任者の立場にあったのだが、周りの人々は、当然のことながら、階級では自分と同級ないし下級のウィトゲンシュタインから指図されることを好まなかった。また、彼は自分の技術的判断に自信をもっていたのだが、これが他人の目には尊大に映ったところもあるかもしれない。

「技術」といえば、ウィトゲンシュタインは生涯にわたって、さまざまな分野で「技術者」としての才能を発揮している。これは彼を理解するうえで重要であり、彼は座学で哲学を学んでいただけではないのだ。たとえば、一九二三年に初飛行した「オートジャイロ」(飛行機とヘリコプターを組み合わせたような航空機)は垂直離陸ができなかったが、ウィトゲンシュタインの考案した装置(ティップ=ジェット)をプロペラ翼端に装着することで、垂直離陸ができるようになったのである(フェアリー・ロートダイン)。このことにも象徴されているように、彼は生涯を通して超一流の技術者であった。

ウィトゲンシュタインは、鍛冶作業場監督に任命されたとはいえ、腹立たしくて嫌なことがたくさんあり精神が掻き乱され、以前のように孤独を感じていたのは、想像に難くない。それでも、彼は四月二二日に「作業場の総監督」をしている旨を書いているが、これは彼がこの職場に相応しいことを示す証であろう。彼は、一九一六年初めに正式に「国民軍技術者」——予備兵が就く地位で、おそらく彼よりも年のいった人のための職位——になるのだが、それまで彼はただの「技術者」のまま仕事をしながら、活躍し成果をあげたのである。

クラクフからソカルへ

カルパチア山脈でのいつ果てるとも知れない冬期の戦闘、一九一五年三月下旬のプシェミシル要塞の陥落は、クラクフ守備隊の士気に影響をおよぼした。他方、その頃から四月半ばまでの小康期間は、作業場が活発に動いた時期である。「ゴルリッツ突破戦」と称される攻勢に出る準備が進められており、それまでは西部戦線でしか知られていなかった大規模の弾幕射撃を先行させることになった。けれども、そのために、ウィトゲンシュタインたちは使える大砲をかたっぱしから集めなければならなかった。作業場にかかる負担は、この攻勢をもって終わりとなったわけではない。というのは、カルパチア山脈におけるロシア軍の拠点を弱体化せしめるために、できるだけ前進する決定が下されたからである。兵員数で劣る同盟国は、物資面での優位を維持し発揮することが必要であった。

こうした状況の中で、不運にも、ウィトゲンシュタインは負傷をしてしまう。同僚（誰かは不明）が扱っていた大砲の砲身が破裂してしまい、彼はいくつもの傷を負ってしまったのだ。そして、彼はしばらく病院で過ごすことになる。この時、知人のフィッカーには「作業場での〔大砲の〕爆発により、神経性ショックに陥りました。そして、二、三か所、軽いけがをしました」（一九一五年七月二四日）と書き送っているが、マクギネスは「額の傷跡は終生消えることがなかった」と書いている——どの写真を見てもその傷は見えないのだが。「軽い怪我」とはいえ、運が悪ければ、大怪我、失明、死亡につながった可能性もあっただろう。

状況が変化し、同盟国側は西部戦線から東部戦線に増援部隊を派遣することができるようになった。プシェミシルとリヴィウは奪還され、九月までに、同盟軍はチェルノヴィッツからほぼ真北にリガまで連なる戦線を確立した。ロシア側からみれば、ポーランドの大部分とリトアニアからなるロシアの広い突出地域は奪いとられ、この一連の戦闘でおよそ七五万人を失った。この時点で、同盟国側は、派遣された増援部隊をフランス軍の攻撃が予想される西部戦線にひきあげることが必要になった。こうして、東部戦線は膠着状態に陥ることになる。

この間、ウィトゲンシュタインはおそらく八月に前線に移動した。行先は、リヴィウの北にあるソカルの列車内作業場であり、そこは二重帝国の鉄道網の終点であった。彼はそこで冬を過ごすことになる。この冬は非常に寒さが厳しかったようだが、この時期は比較的平穏で、哲学上の思索に進展が見られたと推測できる。

しかしながら、突然、ウィトゲンシュタインは前線に赴任することになる。彼は、必要なものだけをまとめ、もう普通の生活には戻らない覚悟で、作業列車を離れて前線に向かった。そこで、改めて自己を見つめ直さねばならず、また、戦争の恐怖を嫌というほど体験することになるのだ。

「第五野戦曲射砲連隊第四砲兵中隊」所属の頃

ウィトゲンシュタインは、一九一六年三月二一日前後に、「第五野戦曲射砲連隊第四砲兵中隊」に入る。連隊本部はモラヴィアのオルミュッツにあったのだが、彼が加わったとき、連隊は前線に向かっており、第二四歩兵師団に所属していた。この師団は当時、オーストリア最良の将軍の一人、プランツァー＝バルティン[12]麾下の第七軍に配置換えになっていた。

この頃の東部戦線の状況はといえば、同盟軍は包囲網が大きいため、ロシア軍を撃滅する望みはほとんどなくなっていた。ロシアへのこれ以上の侵攻は、ロシア軍がほとんど無際限に撤退する可能性を考えると、戦線を拡大するだけで、それに見合うだけの利益をもたらしそうにはなかった。このため、西部戦線および新たに開かれたイタリア戦線のほうが重視され、東部戦線の兵力は、それに応じて弱体化してしまう。このことは、東部戦線の二重帝国軍地域では、使える大砲の数の減少、配備に就いている部隊の質の低下となって現われた。一部で、ドイツ軍・オーストリア軍・ハンガリー軍に代わって、忠誠をあてにできない少数民族の部隊が任務に就くのも見られた。前線で九月に戦線が確立していらい、陣地戦が続いていて改善の兆しがないため、兵士の士気は低かったようである。

マクギネスによれば、ウィトゲンシュタインは、この時期、人生において最も辛い時代の一つを生きていた。当然のことながら、身体的負担だけでも大変なものであったが、それにくわえて、慣れないし自分に向いてもいない種々の事柄に努力を強いられていた。さらに、食中毒になったり、病気にもなったりしたようである。長い行軍、咳き込む夜、重労働などのために、彼は仕事ができなくなり、性的不能／無官能になってしまった。指揮官は彼を後送することを口にするようになる。このように、彼は過酷で困難な生き方を強いられたわけだが、マクギネスは「ウィトゲンシュタインは沈鬱な顔になり、その顔はその後の人生において、彼がもはや真摯な青年ではなく、深い苦難を味わった男であることをはっきり示すことになった」と評している。

この頃のウィトゲンシュタインにとっても、以前と同じように、兵隊仲間が最大の悩みの種であった。幸い、将校たちは彼に好意をもち、ある程度、彼をかばってくれた。しかし、ほかの階級の連中は彼を憎んでいた。そして、これまで何度も書いたように、ウィトゲンシュタインには、彼らは概して大酒飲みで愚かで卑しく邪悪に思われ、彼らに人間性のかけらを見出すことすらほとんど不可能にも感じられた。

そうした中、ウィトゲンシュタインは例えば次のように認めている。

不慣れなことをたくさんするように強いられた。これを耐え抜くためには大きな力が必要だ。ときどき、僕は絶望に近づく。僕はもう一週間以上も、まったく仕事をしていない。僕には時間がない！ 神よ！ しかし、当たり前のことだが、僕が死んでしまうとして、そのときにも〔もう生きていないのだから〕仕事をするための時間はないだろう。もう点検〔の時刻〕だ。僕の魂はしなびて縮んでいる。神が僕を照らしますように！ 神が僕を照らしますように！ 神が僕の魂を照らしますように。（強調原著者、『日記』一九一六年三月二九日）
汝〔ウィトゲンシュタイン自身〕、汝の最善を為せ！ それ以上のことを汝は為すことができない。そして、晴れやかであれ。自分自身に満足せよ。というのも、他の人々は汝を支援することはないだろうし、〔もし支援したとしても〕短い時間だけであろうから！ （その〔短い時間の〕後では、汝はこれらの人々にとって厄介者となるだろう〕。汝自身を助け、汝の全力をもって他の人々を助けよ。そして、その際には晴れやかであれ！　しかし、どれだけの力が自分自身のために、そして他の人々のために必要になるだろうか？　善く生きるということは困難だ！！　しかし、善き生というものは美しい。しかし、私ではなく、汝〔神〕の意志が行なわれますように。（強調原著者、同、三月三〇日）

こうした書付に、困難な状況にあっても、必死により善い人間になろうとしている、ウィトゲンシュタインの姿を確認することができよう。

激戦の開始

戦闘は一九一六年四月二一日前後から始った。砲兵中隊に加わってから一か月後である。最初、ウィトゲンシュタインは砲撃陣地に配属された。そこでは重労働が待っていて、特殊な能力を要するものは何もなかった。左に引用するように、彼は二回、監視所（偵察隊）に派遣されたのだが、一度は不意打ちの砲撃のときであった。幸運にも、二度とも砲火をかいくぐって、生き延びることができた。『日記』では、砲撃について毎日のように言及され、神に祈ることが増してくる。

午後、偵察隊のところへ〔行った〕。われわれは砲撃された。僕は神のことを考えた。汝〔神〕

の意志が行なわれますように！　神が僕とともにいますように。（強調原著者、『日記』一九一六年四月二九日）

今日、急襲射撃の最中、再び偵察隊のところへ行く。人間は、神だけを必要とする。（強調原著者、同、四月三〇日）

状況は危険きわまりないようだが、ウィトゲンシュタインは危険な偵察隊に参加したいとの要望まで している。そして、その要望は許可された。マクギネスいわく、「彼が監視所〔偵察隊〕の優秀な従兵であり、そこでの孤独は彼の気質にぴったりであったことは、明らかである」。その場所であれば、「死の近さが生に光をもたらす」だろうし、彼を嫌っている兵隊仲間とも距離をおくことができるからである。

恐らく明日、僕自身の願いにより、偵察隊に参加することになる。そうなれば、僕にとって初めて戦争が始まる。そして――恐らくは――生もまた〔始まる〕！　けだし、死の近さが僕に生の光をもたらす。どうか、神が僕を照らしてくれますように！　僕は虫けらだ。しかし、神を通して僕は人間になる。神が僕のそばにいますように。アーメン。（『日記』一九一六年五月四日）

僕は、呪われた城の王子のように、監視所に立つ。今のところ、昼間は万事穏やかだが、夜は〔どうなるだろうか〕！　夜は恐ろしいことになるに違いない！　僕はそれを耐え抜くだろう

か？？？？　それは今晩になればわかるだろう。神が僕のそばにいますように！！（強調原著者、同、五月五日）

監視所でのウィトゲンシュタインの任務は厳密に決まっていた。敵の位置を突き止め、地図上に記し、味方の着弾を監視し、指図することである。最後はいつも「弾幕射撃」になり、後年、彼はそれを思い出しては興奮したということである。

ブルシーロフ攻勢前夜

一九一六年五月頃、ウィトゲンシュタインは絶えず死と隣り合わせであったために、絶えず、神に祈ることとなった。危険に直面したときや、辛くも生き延びたときのことである。日記の終わりでは、ほとんどといっていいくらい、神に祈ったり訴えかけたりしている。

先に引用したように、「死の近さが僕に生の光をもたらす」とウィトゲンシュタインはいうのだが、彼は「死こそが、生にその意味を与える」（一九一六年五月九日）と考えている。これは「メメント・モリ」（自分が死ぬことを忘れるな）という、西洋キリスト教の伝統に繋がるのかもしれない。マクギネスは、「死のみが人生に意味をあたえる」〔死こそが、生にその意味を与える〕という言葉は少なくとも二つの意味をもつ、という。すなわち、「死を思うことのみが人生を好ましいものにする」ということと、「死に直面することのみが人生において価値がある」ということである。マクギネスは、ウィトゲンシュタインが危険のもっとも大きい場所に行ったのは後者のゆえだ、と分析している。しかしながら、これら二つのことは渾然一体となっていた可能性もあるだろう。マクギネスの二つの解釈のほかに、第三の解釈を考えるとするならば、二つを折衷して、「死に直面することのみが人生を好ましいものにする」という解釈も成り立つかもしれない。死に直面して死んでしまえばそれまでだが、生きながらえると、その体験がその後の人生に精神的な好影響を与えるということである。

こうした解釈以外に、次のようなことも思い浮かぶ。ウィトゲンシュタインが好んだ表現、「語りうるもの」と「語りえないもの」という二つの表現は、互いに相補的な関係にある。これと同じように、「死」と「生」も相補的な関係にあり、一方を理解するためには、他方を知らなければならない。このように考えると、「生の意味を知るためには、死に直面しなければならない」という解釈もできるかもしれない。

いずれにせよ、「死の近さが僕に生の光をもたらす」「死こそが、生にその意味を与える」という言葉は、いろいろと解釈ができ、味わい深い言葉である。ウィトゲンシュタインは、自分が思う通りの立派な人間になるように、危険の最中に身をさらしていたのである。これより少し後の一九一六年七月二六日には「僕は善き生を送り、自分自身を純化しなければならない」と書いているが、折に触れ、同様のことが種々の表現で述べられている。死に直面する状況において、自己は純化され、善い生活ができるのだ。善い生活とは、軍隊生活という脈絡においては、(1) 生命の危険を感じてもたじろがない、(2) 臆病にならない、(3) 戦友に腹をたてないなどといった生活のことである。

［コラム］弾幕射撃

通常、砲撃は、まず観測班からの情報（目標までの距離や高低差や風速など）を受け、展開する砲兵部隊の基準となる砲のみが「試射」を行なう。次に、試射の弾着と目標との誤差を確認した観測班の連絡により、「修正射」を行なう。そして、数度の修正射の後、弾着が目標に命中したら基準砲に合わせ部隊全体による砲撃（効力射）を行なう。これにより無駄な砲弾の消費を防ぐとともに、目標の確実な破壊がなされる。ただ、この方式だと、全目標への砲撃を完了するのに多くの時間がかかってしまう。とくに歩兵などの攻撃前に行なう「準備砲撃」の場合は、「こちらがどの地点から侵入を企図しているか」を敵に悟られることになるばかりか、敵の増援の新たな配置により、攻撃目標地点の強化が図られてしまう。つまり、時間が経てばたつほど、攻撃の成功の可能性は低くなってしまうのだ。

第一次大戦の中盤までは塹壕が強化されるに従い、これを確実に破壊しようと準備砲撃にさらに多くの時間を費やすようになる。たとえば、西部戦線における有名な「パッシェンデールの戦い」（一九一七年七月）において、連合軍は、実に四日間にもわたる砲撃を行なった。実際には、この砲撃は、ドイツ軍による防備の強化を招いたばかりか、連合軍の進撃路を穴だらけにし、自らの進撃の妨げになっただけに終わった。

奇襲や突破の迅速な拡大には、短時間で最大限の砲撃が必要である。そこで、「点から面への砲撃」に切り替えることになった。目標の地域を地図上で碁盤の目のように区切り、各砲兵部隊はその一マスを平均的に砲撃するようにした。これにより、自軍の進撃予定地域の各所に、奇襲的かつ大規模で濃密な砲撃が可能となったのである。これが「弾幕射撃」である。また、自軍歩兵の進撃に合わせ、その前方にさながらシャワーの如く砲弾の雨を降らせ、敵の反撃や撤退を妨げることも行なわれた。

これは「移動弾幕射撃」とよばれ、歩兵の進撃速度によって柔軟な対応が可能であった。

読者は、命中精度を無視した砲撃術に、疑問を持つかもしれない。これについては、次のように考えると納得がいくだろう。まず、充分に防護された塹壕に砲撃を命中させてもあまり効果はなかった。そもそも、ミサイルのような誘導兵器以外で、数キロ先の機関銃陣地などの小さな目標に命中させることは非常に困難である。そこで、物理的破壊よりも兵士に対し「心理的打撃」を与えることに重点が置かれるようになった――第1章で紹介した「シェル・ショック」のことを思い出してほしい。いたるところで砲弾が炸裂し、凄まじい爆風や轟音の荒れ狂う中では、無傷の兵士でもその行動は著しく制限させられてしまう。さらに奇襲を組み合わせることで、より重度の混乱をさそう工夫がなされた。

ちなみに、一九一六年のヴェルダンの戦いでは両軍合わせて二〇〇〇万発以上の砲弾が消費された。一日あたりでも多いときには七〇万発以上にものぼったのである。

ヴェルダン戦の激戦地ドゥオモン要塞の写真。上は開戦前、下は戦闘終結頃のもの。砲撃の激しさが良く分かる。

第6章 ブルシーロフ攻勢の激闘

第一次世界大戦の陸戦の悲惨さ

タンストールは「ブルシーロフ攻勢は、二重帝国軍にとって最悪の惨敗であり、協商国にとって最良の勝利であった」と述べている。しかしながら、ロシア軍と二重帝国軍の両軍あわせて、一〇〇万－一五〇万人もの死傷者を出した。わずか三か月余りの戦闘で、それも原子爆弾や水素爆弾のような大量殺戮兵器がまだ登場していない陸戦で、これほどの死傷者がでるとは、ブルシーロフ攻勢はどれだけ凄惨な戦闘であったことか……。これは想像の域を超える戦闘である。

第一次大戦は後世にいろいろと教訓を残した。陸戦とりわけ塹壕戦が過酷で（主として西部戦線）、一九一六年七月のソンムの戦いに参加した著名なリデルハートも、その時の辛い経験を踏まえて、後に「間接アプローチ戦略」を提唱し、二〇世紀を代表する戦略思想家になった。また、第一次大戦の経験者のなかで、航空機に関心をもっていた人、特にイタリア軍のドゥーエは、第一次大戦後に『制空』という本を書いた。その中で、彼は、今後の戦争は「エア・パワー」が主役になり航空機だけで「戦争」をすることができるようになる、と予想した。そしてさらに、彼は、航空機による爆撃はその恐ろしさゆえに敵国民の戦意を粉砕してすぐに戦争の決着がつくので、結果として死傷者は少なくなり戦争は「人道的」になる、と考えた。

一九二〇年代には、同じように考えた軍人がほかにもいる。例えばイギリスのトレンチャード、アメリカのミッチェルなどである。彼らはみな、泥まみれで血みどろの過酷な戦場を経験し、彼らの「こんなのはもうこりごりだ」という強い思いが「空軍」に対する妙に楽観的な考えに結びついた、ともいわれている。すなわち、空軍に対する楽観論を生み出すほどに、第一次大戦の陸戦は悲惨であったということだ。それから一〇〇年たった現在でも、依然として陸戦が行なわれているし、ロボット兵の研究が進んでいるが、当分、人間の歩兵がなくなる気配はない。

「ブルシーロフ攻勢」とは何か

「ブルシーロフ攻勢」（一九一六年六月四日-九月二〇日）という一連の激闘は、ウィトゲンシュタインを根底から揺さぶった。ブルシーロフ攻勢の凄まじさを知ることにより、『論理哲学論考』の最後の部分（文番号「六・四」以下）の見え方が違ってくるかもしれない。

西部戦線では戦争の序盤以降、「塹壕戦」（第2章参照）が展開されており、両軍とも一進一退の状況が続いていた。ドイツ軍参謀総長ファルケンハインは、塹壕戦以前に計画していた、敵主力の包囲殲滅や首都パリを陥落させることについては悲観的な見方をもっており、それに代わる新しい試みが必要だと考えていた。そこで、フランスに相手を絞り、彼らに回復不能な損耗を強い、それによって継戦能力・意志を粉砕すべく、作戦を立案した。ファルケンハインは思案の末、フランスが必ず死守するであろう、パリへと続く街道の要衝ヴェルダンを決戦の地と定めたのである。一九一六年二月二一日に始まった戦闘は、ドイツ軍の思惑通りに進展し、フランス軍に甚大な損害を与えることに成功した。

これに危機感を強めたフランス軍は、三月、フランスのシャンティーでの連合軍軍事会議において、ロシア軍に、ドイツ軍への圧力をかけるべく、東部戦線において攻勢を行なうように要請する。だが、ロシア軍は、気候や物資などの問題から、すぐには大規模な攻撃に出られなかった。そこで、同月、ロシア軍は小規模の牽制攻撃をバルト海に面するリガ方面で開始するのだが、手酷い敗北を喫してしまう。その後、状況はさらに悪化し、オーストリア軍による攻撃で大きな打撃を被ったイタリアまでもが、早期にロシアが攻勢に出るように嘆願する事態となってしまった。

この危機を打開するために行われたのが「ブルシーロフ攻勢」である。数ある第一次大戦の戦いの中でも、将軍の名前が付けられたのは、フランスのニヴェル将軍によるもの（一九一七年四月の「ニヴェル攻勢」）と本攻勢だけである。作戦開始前に多くの反対にさらされたことは同じであったが、結果は対照的で、ニヴェルの攻勢が大失敗に終わったのに対し、ブルシーロフの攻勢は、西部戦線における連合軍の窮地を救うという、戦略的勝利を得る結果となった。ただし、この戦いでのロシアの損害も大きく、それがロシア革命の遠因にもなったため、後世の評価は二分されている。

ちなみに、あまり知られていないが、ブルシーロフ攻勢では日本からの武器・弾薬の援助が大きな役割をはたしており、これ無しでは同攻勢は実施できなかったであろう、との考察もある。そうすると、日本からの武器・弾薬によって、ウィトゲンシュタインが殺された可能性もあったことになる。

ブルシーロフ攻勢の詳細

この攻勢はロシアのブルシーロフ将軍（一八五三―一九二六）が企画立案したもので、彼は、それまでの戦いから「なぜ攻勢が上手くいかないか」を研究しており、この作戦の成功に大きな自信をもっていた。

まず、ブルシーロフは、いつも苦杯をなめさせられている強敵ドイツ軍を避け、与しやすいオーストリア軍にたいして攻勢にでることに決めた。そして、オーストリア軍の塹壕を模したものを用いて訓練を行ない、当時の新兵器である航空機を用いた航空写真による入念な偵察をするなど、万全の体制で戦いに臨んだ。

また、これらに加えて、以下のような新戦術を採用したことは、特筆すべきことである。

(1)　これまでのように、作戦開始時の数日間にわたる砲撃後に歩兵を前進させる強襲を止め、数時間程度に抑えつつも濃密な砲撃によって敵を混乱させ、「奇襲」（第4章参照）の形式をとる。

(2) 大兵力を一点に集中させると、作戦目標を容易に推測されてしまい、敵の予備兵力をその地点に引き寄せてしまうため、兵力を分散させて幅広い地域で攻勢をしかける。

(3) できるだけ敵の塹壕の近くまで出撃用塹壕（前進壕）を掘り進め、敵からの「機関銃掃射時間」を減らす。

こうして、準備万端ととのえたブルシーロフは、ついに攻撃命令を発令する。彼が司令官を務める南西正面軍（第七・八・九・一一軍、総兵力約六〇万人）は、一九一六年六月四日からの約三〇時間の砲撃の後、翌五日の夜明けとともに、幅三五〇キロに渡って前進を開始したのである。ロシア軍の攻撃準備には四―六週間はかかるはずと想定していたオーストリア軍は、不意をつかれたかたちとなり、なすすべもなかった。ロシア南西正面軍と対峙していたオーストリア軍は、第一・二・四・七軍と南方軍の計約五〇万の兵力を有していたが、作戦開始からわずか一週間で二〇万人もの捕虜を出し、最大で約八〇キロもロシア軍の前進を許してしまう。そしてそのまま、ロシア軍はオーストリア領内まで進撃してしまうようにさえ思われた。

ところが、綻びは思わぬところから生じた。南西正面軍の北に陣取っていた、イベルト将軍率いる西方正面軍は、ピンスク方面でドイツ軍を牽制し、作戦を支援する手筈であったのにもかかわらず、六月九日の予定を大幅に遅れて行動を開始したのである。およそ一か月遅い七月三日の攻撃であった

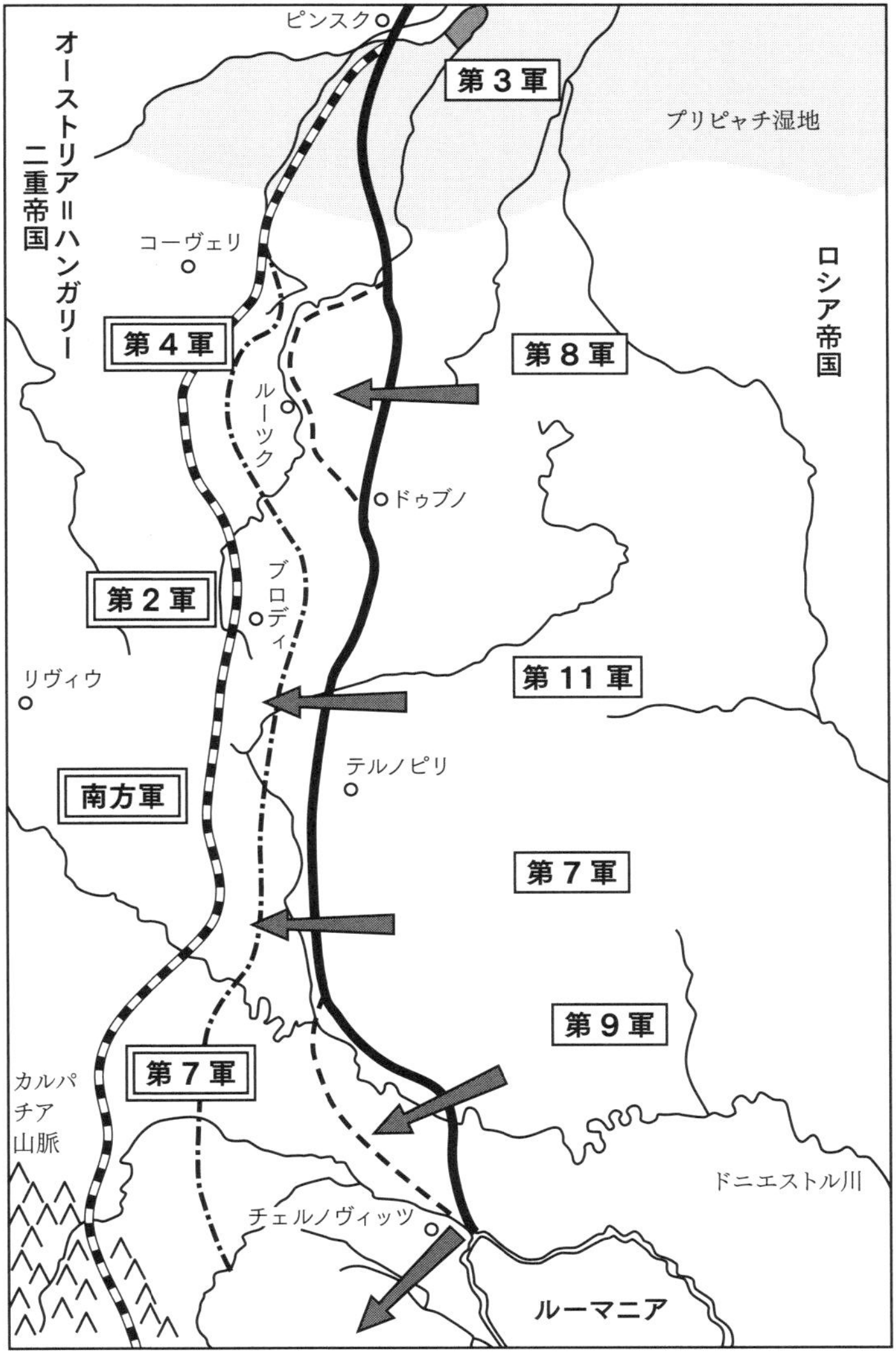

ブルシーロフ攻勢（1916年6月〜8月）

▭は二重帝国軍、▭はロシア軍を表す。ルーマニアは1916年8月、連合国で参戦。
━は1916年6月4日のブルシーロフ攻勢開始直前の戦線。
╍は同6月10日の戦線。
━・━は同7月中旬の戦線。
▬▭は同9月20日、ブルシーロフ攻勢終了時の戦線。

が、イベルトは――ブルシーロフの新戦術を理解できなかったのか、あるいは理解しようとしなかったのかは不明だが――これまでと同様に、狭い地域に兵力を集中するという愚を犯すのであった。この結果、約八万の兵を失い、攻撃を停止してしまった。

西方正面軍のさらに北に位置するクロパトキン（日露戦争の満州軍総司令官として有名）率いる北西正面軍は、何ら動きを見せなかった。つまり、ブルシーロフへの支援をしなかったのである。正確にいうと、支援は皆無ではなかった。南西正面軍の攻撃が多大な成果をあげていることを受け、スタフカ（ロシア大本営）参謀総長アレクセイエフは、北方に展開する部隊を抽出し、南西正面軍に合流させるべく移動を命じたのである。しかし、ロシアの鉄道網が貧弱で移動に時間がかかること、そして何よりも、この増援部隊の行動がブルシーロフがとった広範な地域での進撃により「こちらの作戦目標をわからないようにする作戦」の意図に反していたこともあって、この増援は無意味であった。

時間がたつにつれ、混乱から立ち直ったオーストリア軍と、支援に駆けつけたドイツ軍の反撃により、ブルシーロフの作戦の初期の成果は薄まりつつあった。攻勢終結までに、オーストリア軍に対し六〇万人とも七〇万人ともいわれる損害（約四〇万人の捕虜を含む）を与えたものの、ロシア軍も最終的には一〇〇万人近くの損害を被ったのだ。

この攻勢の第一次大戦全体に及ぼした影響は、以下のようなものであった。

(1)　攻勢初期に生じたオーストリア軍の甚大な損失が戦線の崩壊に繋がることを危惧したドイツ

軍は、西部戦線から兵力を抽出することとなり、結果的に、ヴェルダンのフランス軍を助けた。

(2) オーストリア軍の敗退に刺激されたルーマニアが中立を捨て、連合国側にたって参戦した。（ただし、同盟国側の反撃により、わずか四か月で首都ブカレストを攻め落とされるという大敗を喫し、連合国側にとってはいらぬ負担が増えただけであった。）

(3) オーストリア軍は、緒戦のガリツィアでの敗北いらいどうにか戦線を保持していたものの、この敗戦により、もはや主体的な行動は不可能となり、ドイツ軍の補完的立場に転落した。

(4) ロシア軍も多大な人員を失ったことにより、国内で燻っていた戦争に対する不満が皇帝ニコライ二世への怒りに変わり、さらには、ロマノフ王朝そのものを否定する声がわきあがったことで、革命へとつながった。

第二次大戦において首相としてイギリスを勝利に導き、第一次大戦時には海軍大臣を務めた、チャーチルは「ロシア軍の勝利が最高潮にあった時を逃さず、ルーマニアが参戦していたならば、ブルシーロフ攻勢が東部戦線全体に与えた影響は決定的なものになっていたであろう」との主旨の回想を残しており、ブルシーロフ攻勢を非常に高く評価している。

攻勢前夜

一九一六年六月四日からの約三〇時間の砲撃が、ロシア側からオーストリア側に始まるわけだが、それ以前に、陣地戦が五月いっぱい続いていた。けれども、五月末になると、ロシアの攻勢が迫っていることが明らかになった(13)。大量の弾薬と多数の兵隊がロシア南西正面軍のほぼ全戦区に運ばれていたのである。そのころ、ウィトゲンシュタインは次のように書いている。

今日は、銃火の中で眠る。恐らく死ぬのだろう。神が僕とともにいますように! 永遠に。アーメン。僕は弱い人間だ。しかし、神が僕を今に至るまで保ってきた。神が永遠に讃えられますように。アーメン。僕は、自分の魂を主に委ねる。(『日記』一九一六年五月一六日)

その後、五月二七日に、ウィトゲンシュタインは「今日か明日、ロシアの攻撃があるだろう」と予想している。こうした状況に、彼は神経過敏になったのだが、彼に限らず、「当時の二重帝国軍兵士は皆そうであった」といわれている。

翌二八日に、ウィトゲンシュタインは次のように書いている。

ここ何週間かは、睡眠が安らかでない。常に任務の夢を見る。これらの夢がいつも僕を目覚める

寸前まで追いやる。この二か月の間で、たった三回しか自慰しなかった。(『日記』一九一六年五月二八日)

実際にブルシーロフ攻勢が始まったのは六月四日であり、それはロシアの南西戦線全体にわたって展開された。主戦場は北方のルーツクと、ウィトゲンシュタインが駐屯していたドニエストル川のすぐ北のオクナ地域であった。

この戦区には相当数のドイツ軍が加わっており、同盟軍部隊は強固な備えをした陣地内にいた。そこで、ブルシーロフは、これらの陣地を砲撃し、どこでもよいから前線突破が敢行されればそこから侵攻する、という作戦を立てたのである。これは予想された作戦であり、それに対する同盟軍の防御作戦は、次のようなものであった。歩兵をタコツボにかくまって、敵の一斉弾幕射撃から護り、敵の突撃が決行されるやいなや、歩兵は無傷のまま飛び出して、へとへとになった突撃兵に襲いかかる。この間、応戦する防御側の砲火は敵の弾幕射撃の威力を減殺する、と予測したのである。

ブルシーロフが正しく予知したのは、自分たち攻撃側の弾幕射撃は防御側の監視をさまたげ、防御作戦を支えている通信連絡を分断するということである。さらに、混乱のため、「戦場の霧[14]」のため、防御側の歩兵がタイミングよくタコツボから飛び出すのは至難の業となった。くわえて、どの地点で主要攻撃がくり広げられるかは、防御側にはわからないため、それを迎撃し牽制する前線部隊の後ろに、しっかりした増援部隊がつくことはできなかった。

二重帝国軍部隊の質に問題があったというより、彼らが戦線維持にこだわりすぎる作戦に従っていたためにブルシーロフは勝利を得るに至った、というほうが正確であろう。彼はもちろん二重帝国軍が多言語集団であることにも助けられたし、同盟国の将軍たちの指揮のまずさにも助けられた。それでも、ロシア軍も、最終的には、一〇〇万人もの損害を出してしまったのである。

ウィトゲンシュタインの活躍

この頃、ウィトゲンシュタインは「一等砲兵」に昇進したところであった。彼のいた師団は第一一軍団の左翼、したがってベニグニ部隊の真南にいた。この部隊はその後まもなく「第七軍団」と改称され、彼のいた師団はこれに加えられることになる。ベニグニ部隊は出身地がまちまちの混成部隊であったが、彼らは、オクナの戦闘では最良のロシア軍部隊のいくつかと対峙して、これを寄せ付けなかった。

ウィトゲンシュタインへの勲章授与を上申する報告書が二通残されており、長いほうの報告書には、この戦闘における彼の任務と働きが、次のように書かれている。

志願兵ウィトゲンシュタインは、砲台JR七七（基本地点サロクリニッツニー）と四-六vi一六の騎兵隊防衛拠点四五八高地との前方で戦闘中、監視将校付でありました。

砲台への重砲火や臼砲弾の炸裂をものともせず、彼は臼砲の発射を監視してその位置を突き止めました。砲兵中隊が、実際、重口径臼砲二門に砲弾を命中させ破壊するを得たことは、捕虜の追認するところであります。中隊監視所四一七高地では、弾幕砲火の中、私が何度か身を隠すように呼びかけたのでありますが、彼は休むことなく監視を続けました。この顕著なる行動により、彼は戦友たちの動揺を静めるのに多大の貢献をいたしました。

引用文中には、ウィトゲンシュタインが臼砲の発射を監視してその位置を突き止めた旨や、砲兵中隊が重口径臼砲二門に砲弾を命中させ破壊した旨の文章がある。先にも書いたが、ウィトゲンシュタインの任務は、まず敵の臼砲の位置を探り当て、つぎにそこを目がけて砲撃を指示する、というような任務であった。

余談だが、現代においては、レーダーにより砲弾の軌跡を割り出すことで、その発射場所を突き止められる。けれども、第一次大戦当時、レーダーは存在していないので、異なる方法を用いていた。すなわち、(1) 航空偵察、(2) 発砲炎の視認、(3) 砲撃音の聴音などから得られた情報を分析して、敵の砲火の位置を特定していたのだ。ウィトゲンシュタインの家族はみな音楽を得意としており、彼自身もクラリネットを演奏したり、口笛の達人であったりしたことを思いおこすと、案外、(3)が重要かもしれない。

右で推薦を受けている勲章は、「勇敢銀章二級」で、彼のような低い階級の者にはかなりの栄誉である。ただし、この勲章は実際には一〇月に授与されているのだが、それはこれ以前の戦闘に対するものであったようだ。そして、右の推薦によるものは、同じく一〇月に授与された「勇敢銅章」のようである。いずれにしても、ウィトゲンシュタインは、その勇敢な行動により、一か月の間に二つの勲章を授与されたことになる。

注目すべきことは、二つの勲章の授与もさることながら、この報告書の内容と、ウィトゲンシュタインの日記に書かれていることとの整合性である。たとえば、前に引用したように、ロシア軍のいる中を航行してザヴィホストに行き、兵員と物資を陸揚げする予定であることを聞いた時には、次のように書いていた。

僕はまた、事態は危険になってゆくだろうと読む。もし、僕が探照灯で照らさなければならなくなれば、確実に僕は終わりだ。しかし、それは何でもない。というのも、為すべきことはただ一つ〔自分の職務を全うすること〕だからだ！　一時間のうちにわれわれは出航する。神は僕とともにいる！（強調原著者、『日記』一九一四年一〇月一二日）

日記には、危険を伴う自分の職務を全うすべきことが、頻繁に書かれている。報告書にある「砲台への重砲火や臼砲弾の炸裂をものともせず、彼は臼砲の発射を監視してその位置を突き止めました」とか「弾幕砲火の中、私が何度か身を隠すように呼びかけたのでありますが、彼は休むことなく監視を続けました」という記述は、ウィトゲンシュタインが自分の願い通りの行動をしたことの証といえるだろう。

その後のウィトゲンシュタイン

一九一六年六月一〇日に、ウィトゲンシュタインのいる陣地の北西面に向けて、ロシア軍の突破が敢行された。そのため、プランツァー＝バルティンは撤退を余儀なくされ、ベニグニ部隊は西に移動して、第一一軍団は南西に向かってプルート川の線まで、後にはシレト川の線まで移動した。ウィトゲンシュタインは、彼の属する師団とともに、後者の方向をたどったと推測される。

二重帝国軍は、北方のルーックにおいてと同じく、ここでも混乱に満ちた総退却を余儀なくされた。そのさい、多くの兵士を失い、六月一二日までに、プランツァー＝バルティンには、ウィトゲンシュタインの加わっていた隊列にいるべき、彼の麾下の一万六〇〇〇人の将兵のうち、わずか三五〇〇人しか残っていなかった——捕虜となった兵士もいるから、一万二五〇〇人の死傷者がでたというわけではない。

ウィトゲンシュタイン自身、後に、この攻勢を受けたあとの長い退却について甥に語っている。また、マクギネスの「延々とのびる縦隊の中、彼は疲労困憊して馬に乗っていたが、ただ鞍にしがみついていることだけを考えていた」という記述は、もしも転がり落ちれば、馬に踏みつけられたり大怪我をしたりするからであろう。激闘後にみられるいわゆる「副交感神経の揺り返し」という現象をここに読み取ることができる。それだけ、激闘が展開されたということである。

七月六日に、ウィトゲンシュタインは「先月は、大変な辛苦があった」と書いている。彼がいったいどんな作戦に従事していたのか、その詳細については不明である。しかし、第七軍の多くが南西に退却したため、ロシア軍は六月半ばにブコヴィナに侵攻した。彼のいた師団はこの戦いに参戦し、そのあと、六月二四日から七月六日まで、コロメアの戦闘に参加した。けっきょく、オーストリア軍はカルパチア山脈まで押し戻され、この会戦の残りの期間をそこで過ごすことになった。

恐ろしく酷い天候。山中、〔環境は〕劣悪で、まったく不十分にしか護衛されていない。凍てつく寒さ、雨、そして霧。苦痛に満ちた生。自分自身を失わないでいることが、恐ろしいほど困難だ。というのも、僕は確かに弱い人間なのだ。しかし、霊は僕を助けてくれる。僕が今、病気だったら一番よかったのだが。というのも、そうであれば、少なくとも少しは休息をとることができただろうから。(『日記』一九一六年七月一六日)

ウィトゲンシュタインは、東部戦線において、度重なる弾幕射撃を始めとして危険極まりない状況のなかを、奇跡的に生き抜いた。われわれには想像を絶する体験だったであろう。戦闘が激しければ激しいほど、彼の『秘密の日記』にみえる、神への祈りは迫真性を増す。

『論理哲学論考』の基本的枠組みの確立

『論理哲学論考』の基本的枠組みが確立したのは、一九一六年の七月六日および七日である、と推測できる。

先月は、大変な辛苦があった。僕はあらゆる可能な事態[15]についてたくさん考えた。しかし、奇妙なことに、自分の数学的な思考過程と繋がりをつけることができない。(『日記』一九一六年七月六日)

「先月」つまり、六月に「大変な辛苦があった」というのは、ブルシーロフ攻勢における一連の戦闘のこと(ブコヴィナやコロメアなどにおける戦闘)である。六月のウィトゲンシュタインは、神・霊・宗教・人生の意味・生と死など、「価値」の問題と密接に関わる生活をしていたのだ。「自分の数学的な思考過程」というのは、この前後の『草稿』を紐解けば氷解する。それは、『論考』の「六・四」にいたるまでの、数学的・論理学的思考のことである。これは「事実」を文(命題)によって写し取る「写像」の理論(第4章参照)と深い関係にある。そうすると、当然のことながら、「価値」に関わる「大変な辛苦」をめぐる事柄と、「事実」に関わる「数学的〔・論理学的〕」な思考過程」をめぐる事柄とは「繋がりをつけることができない」。

だが、翌日の七日にはその「繫がり」がつく見通しがえられるのである――「言われえないことは、言われえない」という形で。

しかし、繫がりはつけられるだろう！　言われえないことは、言われえないのだ！（強調原著者、『日記』一九一六年七月七日）

この「言われえないことは、言われえないのだ！」をドイツ語で書くと“Was sich nicht sagen läßt, *läßt* sich nicht sagen!”となる。『秘密の日記』の訳者の丸山によれば、ドイツ語の使役動詞 lassen には、再帰代名詞 sich と動詞の不定形とともに用いることで、「〜されうる」という「可能を含意する受動」を意味する用法がある。つまり、この文章を英語で書くと、“What cannot be said, cannot be said!”ということになる。そうだとすると、この日記の書き込みと、「人は、語りえないものについては、沈黙しなければならない」“Wovon man nicht sprechen kann, darüber muß man schweigen”という『論理哲学論考』の結論との間に、本質的な共通性が存在することは明らかであろう（日記の訳註【128】参照）。

文献的に決定的な証拠をあげよう。ウィトゲンシュタインの『論考』の「序文」にはこうある。これは『自然哲学年報』における「序文」と同じである。

本書の核心は、ほぼ次のような言葉で捉えることができよう――およそ言われうるものは明瞭に言われえ、語りえないものについては沈黙しなければならない。

この文章の後半の原文は、次のようなものである。

Was sich überhaupt sagen läßt, läßt sich klar sagen; und wovon man nicht reden kann, darüber muß man schweigen.

セミコロンの前の文は、『秘密の日記』の文の裏返し――否定文を肯定文に置換しただけ――であり、その後の文は『論考』を締めくくる文とほぼ同じ文――reden が sprechen に代わっているだけ――である。

約言すれば、ウィトゲンシュタインは、「語りうること」と「語りえないこと」という二つの「繋がりをつけられない」ことを、「繋がらない」という形（沈黙）で「繋げた」のである。

ここで、第4章で論じたことをもう一度くり返す。一言でいうと、ウィトゲンシュタインは『論理哲学論考』において「語ることのできる領域」と「語ることのできない領域」との間に明確な線引きをしたのである。そして、「真なる事柄を語る場合にはこうしなければいけない」ということを示し、「語りえないものについては何も語ってはいけない」と命じたのである。

一九一六年六月・七月の戦闘状況、七月六日・七日の日記を見れば、『論考』の基本的枠組みが確立したのは一九一六年の七月六日および七日である」との推測は正鵠を射ているだろう。さらにいえば、第7章で引用する、一九一六年の七月八日の『草稿』の書付をみれば、さらにこの結論の正しさは疑えないものとなろう。読者には「一九一六年の七月六日・七日・八日」という日付を覚えておいてほしい。

ブルシーロフ攻勢の終結

一九一六年七月から八月にかけて、プランツァー＝バルティンは、ドニエストル川南部地域で何度か反攻を試みた。敵側ロシア軍のレチツキーを、彼がすでに勝ち取った地域内にほぼ釘づけにした点で、それは効果があった。しかも、ロシア軍がハンガリーに向かう通路は封鎖された。プランツァー＝バルティンの軍は、少なくとも二重帝国軍を軽視できないことを証明してみせたといえる。しかし、同軍は手痛い敗北を喫してしまう。多くの二重帝国軍部隊は、今やドイツ軍のヒンデンブルクの指揮下にはいり、南部方面軍のプランツァー＝バルティンでさえ、フォン・ゼークトを参謀長に迎えねばならなかった。のちには、南部方面軍オーストリア総司令官カール大公も、彼を参謀長に迎えることになる。とはいえ、ロシア軍は右の地域内に釘づけにされたままであった。この戦争におけるロシア軍の失敗は、ブルシーロフの作戦意図をロシア南西正面軍全体で理解できていなかったことと、それに伴う各軍の協調性の欠如にあった。

いずれにせよ、今や、ウィトゲンシュタインはその技量と勇気のゆえに、まぎれもない将校候補になっている。その後、ウィトゲンシュタインは、所属の連隊からモラヴィアのオルミュッツの町にある予備士官学校に転出となり、任地に行く前に、休暇でウィーンに足を運ぶ。

第7章 『草稿一九一四–一九一六』

『秘密の日記』と『草稿一九一四–一九一六』の関係

『秘密の日記』と『草稿一九一四–一九一六』とは、別のものに書かれたものではない。この頃のウィトゲンシュタインは、ノートの右側に哲学的な／公にしてもいいような事柄を書き、ノートの左側に私的な／公にすべきでないような事柄を書く、という方法をとっていた。すなわち、同一ノートの右側が『草稿一九一四–一九一六』として出版されたもので、左側が長らく出版されなかった『秘密の日記』というわけである（第一部「テクストについて」参照）。

これまでに引用した、神や霊や恐怖や死や性欲などについて書かれたものは、すべて左側に書かれている。また、左側は長い間、遺稿管理人たち（アンスコム、リース、フォン・ヴリクト）の判断で公刊されなかった。彼らが、ウィトゲンシュタインの生理現象、他人への悪口、境遇への不平不満などを始めとして、彼の「私的な」側面の公表は人権やプライバシーの侵害にかかわると考えたとしても、無理はない。

だが、今から議論するように、この一冊の日記帳における「右頁と左頁の書き分け」が、ブルシーロフ攻勢を境に、崩れるのである。いいかえれば、それまで区別されていた内容が統合されるかのような書き方がなされるようになるのだ。

『草稿一九一四–一九一六』に見える「六月一一日」という日付

前章で詳しく解説した「ブルシーロフ攻勢」は、文字通りの激戦であり、ウィトゲンシュタインの存在そのものを根底から揺るがした戦闘である。『草稿一九一四–一九一六』の「六月一一日」から、「神と生の目的に関して、私は何を知るか」で始まる極めて宗教的な文章が書かれ始める。これには間違いなくブルシーロフ攻勢を体験したことが影響している。

しかし、『草稿』のドイツ語版・英語版・日本語版すべてに共通している、この「六月一一日」という日付は、そのまま素直にとることはできない。ウィトゲンシュタインの手書きの日記帳の写真を見るかぎり、「七月一一日」としか読めないのだ。「六月一一日」というのは、疑いなく、編集者たちが書き換えた日付なのである。その証拠として、著者の一人である星川が二〇一四年三月に訪れた、ベルゲン大学の「ウィトゲンシュタイン・アーカイブズ」で撮った写真を掲載しよう。

この日付をめぐる問題はきわめて重要なので、以下では「六月一一日」という日付について考察したい。

『草稿一九一四—一九一六』は、一九一四年八月二二日に「論理は自分だけで、自分だけを配慮せねばならない」という書き出しで始まる。そして、一九一六年五月一一日の書付まで、一年一〇か月にわたる議論はほとんど論理学上のもので、『論理哲学論考』の大部分を占める内容と同種のものである。だが、その一か月後の一九一六年「六月、一、日」の書付は、それまでの内容とは異質である。また、出版されたものを見る限り、『草稿』は五月と六月にはほとんど書かれていない。

その一方で、一九一四年八月九日から書き始められる『秘密の日記』は、一九一六年五月一一日以降二九日まで、けっこう書き込みがある。五月二九日の書き込みは「神は僕とともに」という一行だけである。その前の日も、その前の日も「神」が登場するのだが、この五月二九日の書付を最後に、『日記』においても『草稿』と同様に、七月六日まで、何も書かれていない。

以上のことを踏まえて、「六月一一日」の書付に目を転じよう。

ロシア軍によりブルシーロフ攻勢が開始されたのは、六月四日である。その後の日記の最初の日付となっている『草稿』の「一九一六年六月一一日」の書付は次のようなものである。

神と生の目的とに関して、私は何を知るか。
私は知る、この世界があることを。
私の眼が眼の視野の中にあるように、私が世界の中にいることを。
世界についての問題となるものを、われわれが世界の意味と称することを。

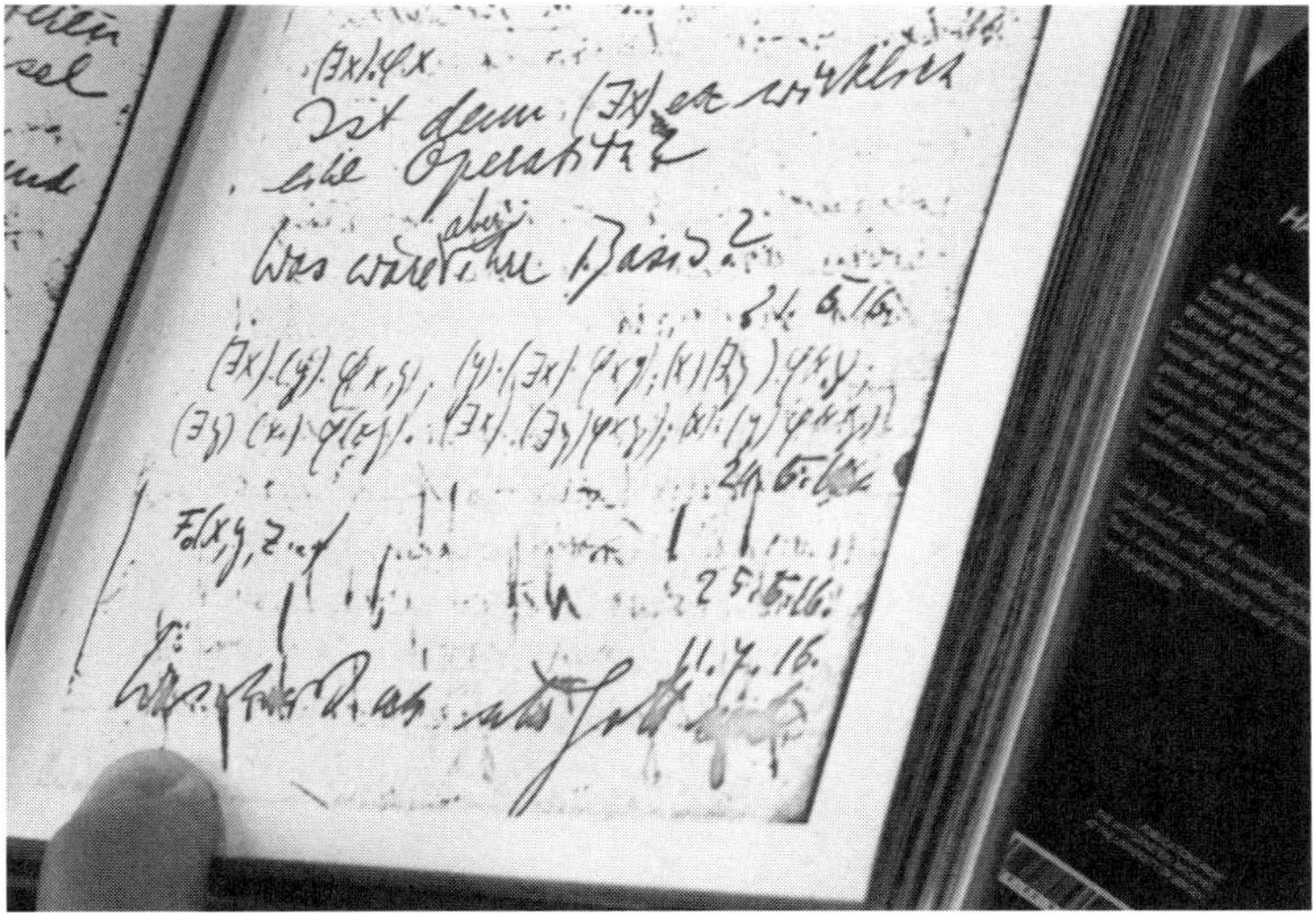

ウィトゲンシュタインの日記
右下、下から２行目に、「11. 7. 16.」（1916 年７月 11 日）という日付の書き込みが見える。

世界の意味は世界の中にはなく、世界の外にあることを。

生が世界であることを。

私の意志が世界にあまねく浸透していることを。

私の意志が善か悪かであることを。

したがって、善と悪は世界の意味と何らかの関連があることを。

生の意味、すなわち世界の意味を、われわれは神と称することができるのである。

そして、父としての神という比喩をこれに結び付けること。

祈りとは生の意味についての思考である。(16)

世界の出来事を私の意志によって左右するのは不可能であり、私は完全に無力である。

私は、出来事への影響をもっぱら断念することによって、自分を世界から独立させることができ、したがって、世界をやはりある意味で支配しうるのである。

「六月一一日」という日付の解釈

右の文章の日付は、現在出版されている『草稿』のドイツ語版・英語版・日本語版のすべて——著者たちが見たものに限るが——で「六月一一日」と書かれている。しかし、前掲の写真を見る限り、ウィトゲンシュタインの自筆の日記では「一九一六年七月一一日」(「11.7.16」)と書かれている(下から二行目)。「7」はどうみても「6」には見えない。その後、『草稿』は「世界は私の意志から独立である」で始まる七月五日まで書き込みがない。すなわち、五月一一日から七月五日までで、日記が書かれているのは「六月一一日」だけなのである。先にも述べたように、『日記』も、五月二九日を最後に七月六日まで書かれていない。

『草稿』にある「六月一一日」の日記だけが、孤立/屹立している。これはいったい何を意味するのであろうか……。

ところで、マクギネスの『ウィトゲンシュタイン評伝』の第7章の「註38」に次のように書かれている。

『草稿一九一四–一九一六』の編集者が、第二版でも一九一六年六月一一日としている記述の本当の日付は、七月一日か四日と思われる(〔七月〕一一日と読めそうであるにしても)。また、五月末のものと思われる、走り書きした式がわずかにある。「暗号日記」〔『秘密の日記』〕も、五月二九日から七月六日まで空白である。

要するに、『草稿』の「六月一一日」という日付は実際には「七月一日か四日」だというのである。マクギネスは、「〔七月〕一一日と読めそうであるにしても」というのだが、先述したように、どう見ても「七月一一日」としか読めない。

「五月末のものと思われる、走り書きした式」というのは、写真にもある「五月二一日・二四日」の「式」のことである。「五月二五日」の書付は、日付だけのように見える。これらは、『草稿』の編集者たち（フォン・ヴリクトとアンスコム）の判断によって、すべて削除されている。

本当の日付はいつなのか

『草稿』の編集者たちは、次のように考えて、「七月一一日」にしか見えない日付を「六月一一日」にしたのであろう。

(1)　「七月一一日」とすると、七月五日から九日の日記の前に七月一一日の日記が来てしまう。これは絶対にありえない。さらに、「七月一一日」付の日記は別に書かれている。

(2)　「七月一一日」ではありえないとすれば、ウィトゲンシュタインは何かが原因で「六月」を

「七月」と勘違いして、「七月」と書いた可能性がある。

(3) この二つのことから、「月」だけを訂正して「六月」とすれば、すべての辻褄が合う。

しかし、「六月一一日」の可能性は皆無ではない。ダウリングの『ブルシーロフ攻勢』にある、「六月一一日」前後の戦闘状況を読めば、それは激烈である。[17] それゆえ、日付について、次のようにも解釈できる。

ウィトゲンシュタインは、たとえ激戦の最中であっても、他の日には日記を書いていなくても、このあまりの激戦ゆえに、この日に限って、宗教的な内容の日記を書いた。ノートの左側とはいえ、それまでにも神や霊について頻繁に言及されているから、宗教的なことを右側に書いても決して不思議ではない。そして、編集者たちが推測したように、六月と七月を間違えた。

しかしながら、激戦であるがゆえに、これとは正反対の解釈も可能である。

あまりにも激烈な戦闘なので、ウィトゲンシュタインには日記を書く余裕などありえなかった。『秘密の日記』『草稿一九一四―一九一六』のいずれも、六月一一日前後が空白であることが、その証拠である。だから、その日付は、七月五日以前、つまり、七月四日以前の七月初め(マクギネス説では、七月一日か四日）と推測するのが妥当である。

著者たちは、後者の解釈を採りたい気がするが、抵抗感もある。つまり、われわれが日記を書くとき、「月」だけ、もしくは「日」だけを間違えるのは理解できるが、「月」と「日」の両方を間違えることなどあるだろうか――ないだろう。そうすると、編集者たちの「六月一一日」説は「月」しか間違えていないので、自然な推理だともいえる。また、それですべての辻褄が合う。

それでも、激烈な戦闘に思いをはせると、六月一一日のウィトゲンシュタインに、あのような深い内容でかつ詩的な宗教的文章が書けるような、肉体的・精神的余裕があったとも思えない。しかし、ウィトゲンシュタインの精神というのは、現代の精神医学では解明できないという精神科医がいるように、われわれ凡人とは異なる彼には、激闘の中でもあのような文章を書けた可能性は否定しきれない。

さらに、次のような推測も可能である。

ウィトゲンシュタインは、六月一一日に、それまでの人生観・世界観を大きく揺るがすような体験をした。ただし、戦場では、とてもそのことについて書ける状況になかったので、後日になって書こうと決めて、胸にしまっておいた。その後、七月上旬にその時間が生まれ、日付も「六月一一日」として、その当時に考えたことを書くつもりだった。しかし、時はすでに七月になっており、つい誤って、七月と記入してしまった。

以上のように、「六月一一日」という日付については、考えれば考えるほどわからなくなってくる。それはさておき、間違いなく、一つだけいえることがある。それは、この日の書付を境にして、『草稿』の内容がガラリと変わることである[18]（たとえば、後に引用する「七月八日」付の書付も参照）。

ウィトゲンシュタインは「六月一一日」の書付をなぜ右側に書いたのか

『草稿一九一四−一九一六』の日付（六月一一日）の解釈には想像が入り込む余地があるとしても、事実として、「六月一一日／七月一一日」の宗教的な文章は、私的な事柄を書くノートの「左側」ではなく、公的な事柄を書く「右側」に書かれている。これはいったい何を意味するのであろうか。

ウィトゲンシュタインは「世界と生とは一つである」（『草稿』一九一六年七月二四日、『論考』五・六二一）と明言した哲学者である。この言葉も有名だが、一九一六年八月二日の『草稿』にある「私の仕事は論理学の基礎から世界の本質にまで（zum Wesen der Welt）広がってきている」という一文が、右の問いの解答への鍵になるかもしれない。

もちろん、『論理哲学論考』は「世界は成立している事柄〔＝事実〕の全体である」という世界の成り立ちから書き始められているから、論理学も世界と関係していることはいうまでもない。また、文（命題）によって世界の状態・事実を写し取るというのが、『論考』の中心的な考え方の一つである（第4章参照）。

しかし、右でいう「世界の本質」は、それまで彼が論じてきた「諸事実の総体」としての「世界」とは何か質的に異なるもののような気がする。「六月一一日」の書付でも次のような一節があった――「世界についての問題となるものを、われわれは世界の意味と称する」「世界の意味は世界の中にはなく、世界の外にある」「生は世界である」「私の意志は世界にあまねく浸透している」「私の意志は善か悪かである」「善と悪は世界の意味と何らかの関連がある」「生の意味、すなわち世界の意味を、われわれは神と称することができる」……。

マクギネスも八月二日の「私の仕事は論理学の基礎から世界の本質にまで広がってきている」という言葉を重視している。そして、彼は「この頃のウィトゲンシュタインには、もはや私的なことと公のことを自分の中で区別する必要がなくなってきた」と解釈している。すなわち、マクギネスがいうには、「これらの省察〔人生・神・宗教・倫理・意志などについての省察〕が、以前の〔左側の〕ノートのように、祈りや自己分析といった個人的性格をもはや持たない」こと、「あたかも、ウィトゲンシュタインは自分の哲学と内的生活との間の溝を埋めた、あるいは埋めかけているかのようである」ことが重要なのだ。ただ、その「自分の哲学と内的生活との間の溝を埋める」方法が簡単／明快ではないことは、いうまでもなかろう。

先の「世界の本質」にかえれば、ウィトゲンシュタインは、世界はたんに「事実的」なものから成立するのではなく、「世界と、人生・神・宗教・倫理・意志などとの関連も、これまでよりもいっそう真剣に考えなければならない」という思いに傾いたに違いない。

いずれにせよ、この日（「六月一一日／七月一一日」）を境にして、ノートの残りの「右」の部分でも、論理学的な事柄と並行して、人生・神・宗教・倫理・意志・主体・自我・自殺などについての思索が展開されるようになっていくのである。

くり返しになるが、日記を書くことを再開した後には、「公のこと」を書く右のページにも、右のような主題をめぐる「私的な」思索を書きつけることになった。これはきわめて重要な変化だといえる。もう、「秘密にすべき事柄」と「公にしていい事柄」とを分ける必要はなくなったのである。いいかえれば、『草稿』に認められた宗教的な文章も、もはや「私的」な思索の表現ではなく、哲学的思索と融合した「公的」なものとして書かれるようになったのだ。換言すれば、ウィトゲンシュタインの内面において「倫理と論理――〈自己自身に対する責務〉という二つの局面――がたんに同じ個人的な二つの任務の局面としてではなく、同じ哲学的研究の二つの部分として、最終的に一体になった」（モンク）のである。

その後の『草稿』と『日記』

ブルシーロフ攻勢を受けてから書かれた『草稿』の七月八日の書付は、以下のようなきわめて宗教的な内容のものである。第6章で紹介した、一九一六年七月六日・七日の日記とその解釈を思い出していただきたい。

神を信じるとは、生の意味に関する問いを理解することである。

神を信じるとは、世界の事実によって問題が片付くわけではないことを見てとることである。

神を信じるとは、生が意味を持つことを見てとることである。

世界は私に与えられている。すなわち、私の意志は完成したものとしての世界に、まったく外側から近づくのである。

（私の意志が何であるかを、私は今なお知らない。）

したがって、われわれは、ある見知らぬ意志に依存している、という感情を懐くのである。

このことがどうあるにせよ、いずれにしてもわれわれはある意味で依存している。そして、われわれが依存するものを神と称することができる。

神は、この意味では運命そのものであるか、あるいは――同じことになるが――私の意志から独立な世界である。

私は運命から独立しうる。

二つの神的なるもの、すなわち世界と私の独立した自我、が存在する。

私は幸福か不幸かのいずれかである。これがすべてである。善悪は存在しない、ということができる。

たとえ、死を前にしても、幸福な人は恐れを懐いてはならない。

時間の中にではなく、現在の中に生きる人のみが幸福である。

現在の中での生にとって、死は存在しない。

死は生の出来事ではない。死は世界の事実ではない。

もし永遠ということで、無限の時の継続ではなく無時間性が理解されているのなら、現在の中で生きる人は永遠に生きる、ということができる。

幸福に生きるためには、私は世界と一致せねばならない。そして、このことが「幸福である」といわれることなのだ。

この時、私は、自分がそれに依存していると思われるあの見知らぬ意志と、いわば一致している。これが「私は神の意志を行なう」といわれることである。

死を前にした恐れは、誤った、すなわち悪しき生の最良の印である。

私の良心が平衡を失うとき、私はあるものと不一致である。だが、それは何なのか。世界なのか。

良心は神の声であるということは、確かに正しい。

たとえば、私はこれこれの人を侮辱したと考えることは、私を不幸にする。これは私の良心なのか。

「いかなるものであれ、汝の良心に従って行動せよ」ということは可能か。

幸福に生きよ！（強調原著者）

結論を述べると、ウィトゲンシュタインはブルシーロフ攻勢という激戦の後、「世界の事実によって問題が片付くわけではない」ことを、それまで以上に、深く認識したのである。

「恐ろしく酷い天候」という書き出しで始まる日記が書かれる、七月一六日頃までに、オーストリア軍はロシア軍の追跡によって、カルパチア山脈のブコヴィナあたりまで押し戻されていた。オーストリア軍にとって戦況も天候も過酷であった。ウィトゲンシュタインにとって、夏とはいえ、冷たい雨と霧の中での生活は「苦痛に満ちた生」であった。

自分自身を失わないでいることが、恐ろしいほど困難だ。というのも、僕は確かに弱い人間なのだ。しかし、霊は僕を助けてくれる。僕が今、病気だったら一番よかったのだが。というのも、そうであれば、少なくとも少しは休息をとることができただろうから。(『日記』七月一六日)

しかしながら、捕虜になること、殺されることを回避するために、ウィトゲンシュタインは、ロシア軍の砲火を逃れるべく、移動しつづけなければならなかった。それでも、七月二四日には砲撃を受けた。そして、「砲撃される。そして、砲撃のたびに僕の魂はすくんでしまう。僕は、まだこれからも生き続けたい!」と書いている。

そして、七月二九日には、以下のように認められている。

昨日、砲撃を受けた。弱気になった！　僕は死への不安を感じた！　僕は今、なんとこんな願いを抱いている。生きたい！　そして、ひとたび生に執着するなら、それを放棄することは容易ではない。それこそまさに「罪」であり、非理性的な生であり、生についての間違った理解である。僕はときおり動物になる。そのときには、僕は食べること、飲むこと、眠ることの他は何も考えることができなくなる。恐ろしいことだ！　つまり、僕は動物のように、内的な救済の可能性を持たずに、苦しむ。このときには、僕は自分の情欲や嫌悪感にゆだねられている。そうなれば、真の生についてなど考えるべくもない。（強調原著者、『日記』七月二九日）

モンクは、ウィトゲンシュタインがこうした状態——自己を見失い、本能的な動物になり、ただ生きようとしているだけで、宗教・倫理・道徳・救済などと無関係な状態——に陥ったのは、「おそらく生涯で初めてと思われる」と評している。だとすれば、この動物的な状態において初めてというか、これまでにも増してというか、人間にとって神・宗教・倫理・道徳・救済といったものがどれほど重要なものかを、ウィトゲンシュタインは認識／再認識したに違いない。

第8章　一九一六年の暮れから捕虜になるまで(19)

『秘密の日記』は一九一六年八月一九日、『草稿一九一四―一九一六』は一九一七年一月一〇日の日付で、それぞれ終わっている。前者は、ブルシーロフ攻勢が弱まるころ、後者は、ウィトゲンシュタインの休暇が終わり、彼がふたたび任務につくころである。その後も、日記／草稿は書き続けられたはずだが、残念ながら、遺されていない。

一九一六年一二月一日、ウィトゲンシュタインは戦時の予備役士官候補生に任官した（のちに、遡って、一〇月一日付）。それ以前には、一等砲兵（一九一六年六月一日より）ないし伍長（九月一日より）の称号をもった戦時志願の砲兵であった。新たに将校に任官したのちも、一九一六年三月に作業場を去ってから所属していた、第五野戦曲射砲連隊（のちの第一〇五野戦砲連隊）第四砲兵中隊にそのまま残った。予備士官学校の課程はクリスマス前には終わったようで、その後の休暇にウィーンに行く。オルミュッツ滞在は終わりとなったが、そこに所属の連隊の兵站部があったため、ウィトゲンシュタインはそこに時々戻ることになる。

ウィトゲンシュタインの姉ヘルミーネによれば、ウィトゲンシュタインはこのころ、三〇センチ口径臼砲――マクギネスの推測では、オーストリア製一二インチ曲射砲――購入のために、一〇〇万クローネを国に寄贈した。当時の彼の年収は、父親カールの遺産を相続したためであろうが、三〇万クローネほどであった。ちなみに、一九一六年当時、ウィーンでの街の職人たち（印刷工・運転手・煉瓦職人・パン屋・金属加工職人）の週給は、だいたい四〇－五〇クローネくらいのようである。年収にすると一九〇〇－二四〇〇クローネということになる。ウィトゲンシュタインの年収三〇万クローネというのは途方もない金額である――職人たちのおよそ一五〇倍の年収になる。[20]

その後、ウィトゲンシュタインは、一九一七年一月九日ふたたび実戦任務についた。そうした中で、彼の目立った活躍ぶりを示すものをいくつか拾ってみたい。

三月一五日には、自ら志願して、ダルウィニアツへの偵察をしている。ロシア皇帝が退位した日である。このことは感状（戦争における功績や手柄などを褒めて与える賞状）からわかる。それによると、偵察はひどい悪天候の中で決行されたのだが、価値ある情報をウィトゲンシュタインはもち帰った（第三軍第五野戦曲射砲連隊の「勇敢章に関する記録簿」）。

ウィトゲンシュタインの感状には、七月一〇日－二〇日頃のことについても記録されている。彼は「勇敢銀章一級」を授与されたが、それは「激しい砲火のもと……監視将校付の任務をみごとに果たしたこと」によるものである。記録簿には「敵は決定的な時期に重大な損害をうけた。通常のやり方では砲兵指揮官の目の届かない要所に砲火は向けられた」とある（第三軍第五野戦曲射砲連隊の「表彰申請に関する記録簿」)。こうした文章はおおげさに書かれることが多いとはいえ、上官たちがウィトゲンシュタインに懐いた信頼は歴然としている。通常のやり方では砲兵指揮官の目の届かない要所に砲火が向けられたということは、彼が有能な監視将校付だったことの証左となろう。

同様の記述が、一九一六年九月三〇日から翌年九月三〇日までのウィトゲンシュタインの活動について、彼および彼の上官たちによって作成された報告書にみられる。そのうちの一人であるショルツは「上級指揮官への適性」という項目に次のように書いている。

〔ウィトゲンシュタインは〕指揮官たるに適しております。当人のきわだった資質とほかの任務形態に対する不安(もちろん未確認であります)に鑑みるならば、監視兵以外の部署につくのは、あまり有効とは思われません。指揮は抜群であり、とくにルジアニ周辺の戦闘においてそうでした。

ショルツは、他の項目において、ウィトゲンシュタインが部下によい感化を及ぼしており、とくに戦闘中それが目立つ、とも述べている(「資格説明届出簿」)。

「金の勇敢章(将校用)」に推挙される

ウィトゲンシュタインは、オーストリア軍のアジアゴ高原への侵攻に参加したが、先発砲兵隊の監視兵として、一九一八年六月一五日に、第一波とともに進軍した。その時の勲章推薦状は、彼の働きを述べるにあたって、激しい機関銃と大砲の射撃の最中における用兵状況を報告している。ウィトゲンシュタインの偵察隊の二人が負傷したのに、彼は弾幕射撃にひるむことなく撤兵の用意をした。そして、彼は新しい砲撃陣地に下がったが、そこも重砲火にさらされていた。一つの榴弾がそこにいた砲兵将校と砲手三人を葬った。それでも、ウィトゲンシュタインは生命の危険を顧みず、そこを引き継ぎ、救出作業を指揮したのである。「大砲をもとの地点まで撤収せよ」との命令が出されたとき、彼は激しい弾幕射撃にもかかわらず、まもなくそれを実行した。

ウィトゲンシュタインの稀にみる勇敢な行動、冷静、沈着、英雄的態度は、兵士たちの絶大な称賛を勝ち得ました。その行為により、彼は軍人らしい忠誠心と任務遂行の輝かしい手本となりました。(マクギネス『ウィトゲンシュタイン評伝』から)

最高の褒賞といえる「金の勇敢章(将校用)」に推薦されたものの、別の証人デンツァー大佐は「敵に対する戦闘の効果は僅少である」といって抗議した。銃砲は何時間も鳴りやんでいることがしばしばあったし、金章とは行き過ぎであろうというのだ。このとき、ウィトゲンシュタインは「剣付軍功章」を授与されたのだが、これもかなりの栄誉である。

ウィトゲンシュタインの英雄的行為は非凡なものであったとはいえ、攻撃を予想していた敵の備えは行き届いていた。どの場所でも、敵は猛烈な対抗砲火を浴びせてきたのだ。味方の砲火は沈黙させられ、陣地は爆撃され、通信・輸送や増援軍の要請は、不可能とはいわないまでも、困難になった。オーストリア軍は、機関銃が随所にひそんでいる、木の生い茂った丘陵地に進撃しようとしていた。敵の位置の確認、味方の砲火の効果確認はほとんど不可能であった。一九一八年六月一六日に、司令官であるコンラートはもとの地点までの退却を余儀なくされた。彼がいうには「目下、戦闘能力ありと見られる師団は一つたりともなかった」ということである。

一九一八年秋以降の戦況と兄クルトの自殺

アジアゴ侵攻のあと間もなく、ウィトゲンシュタインは休暇をえた。それは七月上旬から九月下旬にかけてである。彼は戦時中、一度ならず「急激な転換」をしたようであるが、この休暇も何らかの意味でこれまでの人生に別れを告げ、新しい役割につく重大な転機になった可能性がある。

わずかな証拠しかないとはいえ、非常に重要な出来事がこの休暇中におこった。ウィトゲンシュタインの伯父パウルは、偶然にもある鉄道駅（おそらくザルツブルク）で、深い精神的煩悶状態にあった彼に出会った。どうもウィトゲンシュタインは、どこか山岳地帯（ザルツカンマーグートあたり）へ自殺しにいく途中のようであった。自殺をくわだてた理由は謎だが、彼はこのころ「一人ぼっちになった」と感じていた可能性がある。イギリスの親友ピンセントが事故死（一九一八年五月八日、イギリスでテスト飛行中に墜死）したという知らせが、それ以前に届いていたのだ。

ウィトゲンシュタインは『論理哲学論考』の冒頭で「この書をいまは亡きわが友デイヴィド・ピンセントに捧げる」と明記しているし、『日記』にも彼のことがきわめて頻繁に書かれている。たとえば、次のような書付である――「大好きなデイヴィドから手紙！！　僕はそれにキスをした。すぐに返事を出した」（強調原著者、一九一四年一二月五日）、「デイヴィドのことをたくさん考える！」（強調原著者、一九一四年一二月五日）、「デイヴィドからのうれしい手紙！　……デイヴィドに返信した。非常に官能的」（同二一日）、「昨日、デイヴィドからのうれしい手紙！　……デイヴィドに返信した。非常に官能的」（強調原著者、一九一五年三月一八日）。二人はそれほどの仲だったのである。その彼が亡くなったのであるから、ウィトゲンシュタインの喪失感も大変なものであったことは、容易に察しがつく。

このように、精神的に不安定であったウィトゲンシュタインだが、それでも、戦地に戻るという「救い」がまだ残っていた。

ウィトゲンシュタインが戦地に戻ったのは、「ハプスブルク帝国の最後」の時期であった。その最後は、戦地において、もっとも劇的に見てとることができた。一九一八年九月は小康状態あるいは執行猶予の時であり、糧食供給は多少改善された。アジアゴ戦区におけるイギリス・フランス軍の攻撃は、オーストリア軍により、撃退された。ウィトゲンシュタインは、おそらく、それまでウィーンに滞在していた。そして、六月の手柄による軍功章を、九月二二日に授与された。

しかし、ウィトゲンシュタインがイタリアに戻った九月末には、ブルガリアが連合国と休戦（実質的な降伏）したことにより、ギリシア駐留英仏軍の脅威に直接さらされることになったハンガリーでは、自国部隊の帰還要求が高まった。ついで、オーストリア＝ハンガリーを自由国家連合にするという宣言、さらには、全面講和の要請が出されるにいたった。各部隊は、この要請のことを一〇月五日に聞く。この日以降、ヨーゼフ大公その他の司令官は、雑多な民族からなる軍隊に、妥当な講和条件を得るために踏みとどまるように説得するという、絶望的な作業をはじめることになる。

一〇月二四日の連合軍による攻撃の当初、ウィトゲンシュタインのいた砲兵中隊が所属していた、第三八ホンフェト歩兵師団は、イギリス・イタリア軍を食い止めるのに成功し、シセモル山を取り返すほどであった。しかし間もなく、上層部は、彼のいる師団および第一一軍のハンガリー軍部隊すべてに、帰国を約束せざるをえなくなる。増援の拒否があり、また上層部からきた将校が直接説得しても、連隊の抵抗にあうといった具合だったのだ。こうした状況において、砲兵隊のみが「戦線を維持しよう」との考えを持ち続けたのである。そして、アジアゴ戦区では、一〇月三〇日まで、ほぼ戦線は維持された。とはいえ、ピアーヴェ川ではイタリア軍の大渡河作戦が一〇月二四日に決行され、同二九日頃までには、ヴィットリオ・ヴェネトでの同軍の勝利は確実となった。オーストリア軍は、講和をもとめ、占領地からの総退却を命じた。講和はすぐには成立しなかったが、大がかりな帰国がすでに始まっていた。軍隊は国別に分解する傾向にあり、「国民色」を身にまとい、ときには「兵士評議会」を樹立したり、望ましくない国の出身の将校を排斥したりした。

ウィトゲンシュタインの兄クルトが拳銃で自らの命を絶ったのは、こうした状況においてであった。その原因については、複数の異なる見解がある。たとえば、(1) クルトの部隊が彼の命令に従わなかったから、(2) 彼の部隊が絶望的な戦闘に走るのを彼が認めなかったから、(3) 彼が降伏して捕虜となる恥辱を避けるため、などといわれている。

捕虜生活と復員

この間に、高位の将校もふくめた多くの軍人は、帰国のために列車にとびのった。しかし、ウィトゲンシュタインは違っていた。彼は、自分の職務に忠実であろうとするためか、命令どおりに退却してトレントにいくのだが、そこでイギリス・フランス軍に追いつかれ、一一月一日に、一方的な戦闘が始まってしまった。そして、トレントは一一月三日にイタリア軍によって占領され、そこにいた二重帝国軍部隊は、全員が捕虜の宣告を受けた。捕われた軍人たちが、将校と兵士に分けられ故国に送還されるのではなく、捕虜収容所に送り込まれることになったことは、彼らには驚きであった。

ウィトゲンシュタインは、最初コモの捕虜収容所へ入れられ、おそらくヴェローナなどをへて一九一九年一月に、別の捕虜収容所のあるモンテ・カシーノにたどりつく。その後、身内の者がヴァチカンとのコネをつけて、彼をイタリア軍から釈放させる工作が密かになされた。ウィトゲンシュタインは医者の診療を受けて「長引く拘留生活には耐えられない」と診断されたのだが、彼はそのような特権的な取扱いを受けることを拒否した。そして、診察のさいには「まったく健康である」と断固として主張した。いかにも彼らしい行動である。また、ラッセルも連合国側の関係筋に働きかけ、密かに彼の釈放に骨を折っていたのである。

こうしたこともあり、他の戦友たちよりも一足早く、ウィトゲンシュタインが一〇か月にわたる収容所生活からウィーンに帰ってきたのが一九一九年八月二五日、公式に釈放されたのが翌二六日であった。それは『論理哲学論考』を一通り完成してからちょうど一年後のことである。

その後、三〇年近くたった一九四六年のことであるが、マルコムは、ウィトゲンシュタインと一緒にドイツ人の捕虜収容所を訪れたときのことを、次のように回想している。

ケンブリッジの町はずれに、ドイツ人の戦争捕虜が収容されている収容所があった。ウィトゲンシュタインは、第一次大戦のとき捕虜であったから、「こうした男たちの生活をもっと楽にするのに役立つようなことをしたい」と願っていた。彼は私を連れて、収容所を訪問し、捕虜の代表と話し合う許可をとった。この会見の結果、ウィトゲンシュタインは捕虜たちのために、あとで数点の楽器と楽譜を贈ったと思う。(マルコム『回想のヴィトゲンシュタイン』)

このエピソードからもわかるように、二〇歳代でのウィトゲンシュタインの従軍体験は、生涯にわたって、彼の底流となっていたのである。

［コラム］ウィトゲンシュタインと「褒章」

軍人として勇敢に闘ったウィトゲンシュタインは、数々の勲章を授与されたが、ここで、勲章・褒章について解説しておく。

国家は国民の功績に対してさまざまに報いるが、その一つに「栄典」とよばれるものがある。厳密にいうと、栄典は「勲章」と、それに近い存在としての「褒章」とに分けられている。両者の違いは、勲章が長年にわたり、また対象者の功績全般を称えるものに対して、褒章はある特定の功績や成果を称える要素が強いことである。これに加えて、「記念章」というものもあり、功績等に関わらず、戦争に従軍したことを称える「従軍記章」といったものが代表的なものとして挙げられる。

以上、簡単に勲章・褒章の概要を説明したところで、ウィトゲンシュタインが戦場での活躍により叙された、勲章・褒章の詳細について解説したい。ウィトゲンシュタインは幾度も上官からの推薦を受け、厳格な審査の末に、複数の褒章を授与された。すべて「勇敢章」という褒章である。「勇敢章」は一七八九年に設けられ、当初は上から金章・一級銀章・二級銀章の三種類のみであったが、一九一五年二月に新たに銅章が設けられ、それ以降は四種類となる。これに加えて、メダルを吊すリボンに付ける、剣が交差した形の記章が作られた（剣付軍功章）。それ以外にも細かなデザインの改変が行なわれ、創設当初のものと、一八四八年、一八五九年、一八六六年の四つのバージョンがある。受章対象者は「勇敢章」の名称からも推察できるように、戦場において「勇敢さ」を発揮したと認められた者である。ウィトゲンシュタインは、銅章・二級銀章・一級銀章と順調に獲得した。戦争終結の年である一九一八年には金章の推薦を受けたものの、これに異議を唱えた上官がいたためか、残念ながら、受章するにはいたらなかった。

エピローグ

『論理哲学論考』は一九一八年夏の休暇中に一応の脱稿がなされ、ウィトゲンシュタインが復員したのは翌一九年の夏である。その後、『論考』は紆余曲折をへながら『自然哲学年報』に掲載され、一九二二年の秋に一冊の著作として出版された。そして、この年より、ウィーンの学者の間で『論考』が話題にのぼり始めたのである。『論考』の完成から出版まで四年という時間がある。それゆえ、一般の読者は「この間に相当の書き換えがなされた」と推測するかもしれない。

しかし、細かなことを別とすれば、『論理哲学論考』は実質的に文字通りの「激戦」を何度も体験した軍隊生活のなかで執筆された著作といってよい[21]。『論考』が完成する直前の『原・論考』というテクストがあるが、これの大部分は「戦地用鉛筆」で書かれている。マクギネスもこれを根拠に『原・論考』ノートは実際に前線でまとめられたと思われてならない」と論じている。本解説の第6章で、『論考』の基本的な枠組みが確立したのは一九一六年の七月六日・七日である、と具体的な日付を述べた。『論考』のほとんどの部分を占める数学・論理学に関する議論のあとに（「六・四」以降)、ウィトゲンシュタインはほんのわずかながらも、神、神秘、より高貴なるもの、魂、生、死、倫理、善なる意志、永遠、無時間性などという語を使用しながら思索の軌跡を残し、『論考』を締めくくった。

この最後の部分をめぐっては、これまで実に多くの議論や論争がなされてきた。一冊の著作の整合性や纏まりという観点からは、この部分は削除するほうがよいだろう。ウィトゲンシュタイン自身もそのことに気づいていたかもしれない。だが、現実には、彼はこの部分を書いて遺したのである。問題は、この事実をどのように解釈するかである。おそらく、従軍せずに『論考』を執筆したのなら、最後の部分は書かれなかったであろう。これが書かれたのは、東部戦線での戦闘(とりわけ、ブルシーロフ攻勢での戦闘)に参加していたからである。そうだとすれば、ウィトゲンシュタインの戦闘体験の詳細を知らずして、『論考』の最後の部分について語ることはできないのではないか。

ウィトゲンシュタインが神を待ち望んでいることに疑いはない。また、神の存在を信じていることも間違いない。これは『秘密の日記』を読めば一目瞭然である――「確かに、キリスト教は幸福へと至るただ一つの確実な道だ」(強調原著者、一九一四年一二月八日)。しかし、『草稿』には、「世界の意味」が「世界の中」にではなく「世界の外」にあり、「世界の意味」を「神」と称することができる、と書かれていた(一九一六年六月/七月一一日)。それならば、当然の帰結として、「世界の意味」である神は、「世界の中」にではなく、「世界の外」に存在しなければならない。もしも神が「世界の中」に自らを現わしたとすれば、それはもはや「神」ではなくなってしまう。また、『日記』において、ウィトゲンシュタインは、自分が置かれた種々の厳しい状況の改善を望むよりも、「神の御心が行なわれますように」という言葉で締めくくることが多かった。さらに、『論考』では「いかに世界があるかは、より高貴なものにとっては、まったくどうでもよいことである。神は世界の中に自らを現わしたりはしないのである」（強調原著者、六・四三二）と認められている。

してみると、われわれは、たとえ神の存在を信じているとしても、たとえ神が存在しているとしても、神が自らを決して現わしたりはしない世界——それがどれほど艱難辛苦に満ちみちている世界であろうとも——を生き抜かなければならない、ということになる。これが『草稿』『日記』『論考』から得られる最大の教訓ではないか。[22] もちろん、「言われえないことは、言われえないのだ！」（『日記』）、「人は、語りえないものについては、沈黙しなければならない」（『論考』）という言葉も、こうした脈絡との関連で解釈されるべきであろう。

ところで、『論考』の最後から二番目の文章は次のようなものである。

> 私を理解する読者は、私の書物〔諸命題〕を通りぬけ、その上に立ち、それを見おろす高みに達したとき、ついに、その無意味なことを悟るにいたる。まさに、かかる方便によって、私の書物は解明を行なおうとする。（読者は、いうなれば、梯子を登りきった後に、それを投げ捨てなければならない。）
>
> 読者はこの書物を乗り越えなければならない。その時、読者は世界を正しく見るのだ。（六・

五四)

すなわち、『論考』には「時限爆弾」が仕掛けられていて、これを読了した読者は、その時点で「無意味」な文章を読ませられたこと、自分のこれまでの読書行為が爆破されて無に帰することに気づかせられるのである。しかし、このことによってのみ、「世界を正しく見る」ことができるのだから、『論考』を読んだことは決して無駄な行為ではなかったわけだ。

ただし、「『論考』を見おろす高み」とか「『論考』を乗り越えて世界を正しく見る視点」というのは、いかなる高み／視点であるかは、重要である。ひょっとすると、これは、神的・霊的なものではないだろうか。[23] こうした解釈はにわかには受け入れられないことは百も承知している。最大公約数的な解釈をすれば、『論考』の諸命題は真正の命題ではなく無意味な疑似命題だから、これらを廃棄するとき／「投げ捨てる」ときに『論考』が明晰化した世界を正しく見ることができる、くらいになるだろう。だが、その高み／視点が神的・霊的なものである可能性は否定しきれないと思う。

ところで、命題「六」には「真理関数の一般式」が書かれていて、これが「命題の一般形式」だとされる。しかしながら、この命題「六」もふくめて『論考』の支柱となっている六つの命題はすべて、「命題の一般形式」を満足させない——「七」は一種の「命令」だから、これは命題ではない。すなわち、それらは世界の中で生起する個々の事実を記述／写像していない。さらにいえば、それらを含めて『論考』に書かれている諸命題の多くは「無意味な命題／疑似命題」である。そして、『論考』

全体を、「六・四」を分水嶺として、論理学・数学などに関するそれ以前の諸命題と、宗教・倫理など価値に関するそれ以後の諸命題との二つに分けるとしても、その前後にある諸命題はすべて、「無意味である」ということにおいては、まったく同等なのだ。

ここで、これら二つの種類の命題群に関係するウィトゲンシュタイン自身の言葉を思い起こそう――彼は『日記』において、これらに「繋がりをつけることができない」（一九一六年七月六日）とも「繋がりはつけられるだろう」（同七日）とも書いていたのであった。「六・四」に先立つ命題群とその後にくる命題群に「繋がりをつけることができない」ともいえるし、両命題群に「繋がりをつけることができる」ともいえるのだ。ウィトゲンシュタイン自身、こうした見解を『論考』で生かす時に、揺れ動いていたのではないか。

それでも、あえていうならば、問題は「ウィトゲンシュタインが〈六・四〉の前後のいずれを重視したか」ということである。もちろん、両方とも同じくらい重要である、という健全な意見もあるだろう。この見解をとる人たちは、異質な命題群に整合性をもたらす解釈を模索するであろう（「繋がり」はつくのだから）。また、それほど宗教に関心のない人たちは、前者に決まっている、というだろう（「繋がり」はつかないのだから）。しかしながら、著者たちは（たとえ「繋がり」がつくとしても）「ウィトゲンシュタイン自身は戦闘体験をへて書かれた〈六・四〉以降の諸命題のほうを重視したに違いない」と推測する。たとえ、分量的にはわずかにせよ、これが最後にきちんと書かれて出版されたという事実は、やはり重要である。

わが国にウィトゲンシュタインの名が知られるようになったのは戦前のことであり、彼はまず「論理学者」として紹介された。戦後は「論理実証主義者」ないしそれに思想的基盤を与えた哲学者とされるようになった。一九六〇年代になると、世界的に、「フレーゲから大きな影響を受けた哲学者」として理解されるようになる（『論考』の「序文」でも、フレーゲからの影響について言及されている）。六〇年代の終わりになると、ウィトゲンシュタイン自身の遺稿や彼についての研究書の出版がかなり蓄積され、彼の「全貌」があたかも分かってきたかのように感じられた。そうした中、一九七三年に、トゥールミンとジャニクの『ウィトゲンシュタインのウィーン』が世に出されてから、「六・四」以降の扱いをめぐって議論が始まった。その第六章は「『論考』再考――倫理の証文」[24]と題されている。

しかし、当時、ウィトゲンシュタインの「全貌」はまだ知られるにはいたっていなかったのである。一部の研究者の間で「『草稿』の編集者が何か隠し事をしているのではないか」という疑念が広まり、『秘密の日記』の存在が知られるようになってきた。このテクストは、最初一九八二年に、ヴィルヘルム・バウムという研究者により、部分的にカトリック神学の学術誌で公刊された。その後、同じく彼によって一九八五年にスペインの学術誌に完全な形で公刊され、一九九一年にはオーストリアで単行本の形で公刊された（第一部「テクストについて」参照）。さらに、一九九三年には、「コーダー文書」なるウィトゲンシュタインの複数の遺稿が発見されるにいたる。このうちの一つが『哲学宗教日記』である（ドイツ語の出版は一九九七年）。こういうわけで、彼の全貌がほぼ分かってきたのは、それほど昔のことではないのだ。否、「いまだに誰もが受け入れられるウィトゲンシュタインの全貌は分かっていない」というのが実情である。多量の書簡をふくむ資料の膨大さにくわえて、異なるウィトゲンシュタイン像を懐く人たちは、それぞれに「自分の解釈が正しい」と強く思い込んでいて、なかなか統一的なウィトゲンシュタイン像が描けないということもある。

『秘密の日記』は、今のところ（二〇一六年現在）英訳もないし、ドイツ語やスペイン語やフランス語を解する者でないと読めない、という状況にある——さらにいうと、それらのテクストには問題もある（第一部「テクストについて」参照）。わが国の哲学研究者でも、ウィトゲンシュタインの他の著作に比べると、読んでいる人はかなり少ないだろう。

本書に収められた『秘密の日記』（完全版）の読解を通して、これからますます「宗教者ウィトゲンシュタイン」「生の哲学者ウィトゲンシュタイン」に人々の関心が向かい、「新たな」そして「さらに包括的な」ウィトゲンシュタイン像が構築されることを、訳者とともに、期待したい。もちろん、まだまだ、万人に受け入れられる統一的ウィトゲンシュタイン像がもたらされるとは思えないのだが……。

註

（1）「砲兵」という兵科は「射手」「装填手」「観測手」などに細分化されている。ウィトゲンシュタインは、「探照灯」を操作することもあったが、主として、砲兵隊の「観測手」として活躍している。

(2)ウィトゲンシュタインの「近視」についてはあまり知られていないが、彼自身が「歩哨任務に際して、僕は自分の目の悪さに困っているため、午後、眼科医のところへ〔いく〕。メガネをかけることになるだろう」(一九一四年一一月二〇日)と書いている。

(3)ウィトゲンシュタインの友人であるピンセントによれば、「〔戦争が始まったとき〕ウィトゲンシュタインは非戦闘員の仕事に就こうとした」そうである。その理由は、マクギネスの推測では、彼が「両側性鼠径ヘルニアのために、戦闘兵種には不適格とされるだろうと考えたから」とのことである。数日して、この問題は解決した。つまり、八月七日(対ロシア宣戦布告の翌日)には、戦時志願の砲兵として、ウィトゲンシュタインは入隊したのだ。

(4)M.O' C. Drury "Some Notes on Conversations with Wittgenstein," in: R. Rhees (Ed.) *Recollections of Wittgenstein,* Oxford University Press, 1984, p.77.

(5)星川啓慈「自己嫌悪する自分から〈あるがまま〉の自分へ――ウィトゲンシュタインのキリスト教信仰」(星川啓慈・松田真理子『統合失調症と宗教』所収)

(6)一九三六年一〇月のムーアあての書簡にはこうある――「ここ以上に研究のできる場所は想像できません。ここの風景は落ち着いていて、たぶん、素晴らしくもあります。つまり、落ち着いた厳粛さがあるのです。」
星川は、二〇一四年三月、この小屋の跡を訪れ動画を撮影し、YouTube にアップした――松野智章撮影・編集「ウィトゲンシュタインのノルウェー(一五分版)」。

(7)ただし、『秘密の日記』の第一冊目には、自分が死んだら『日記』を母親とラッセルに送るように、と指示している。第二冊目も基本的に同様である。このことの意味は大きい。つまり、ウィトゲンシュタインはこの日記をまったくの「秘密」にするつもりはなかったのである。バウムの本では、この部分が削除されている。

(8)『日記』には、ピンセント(デイヴィド)のことがきわめて頻繁に書かれている。その回数と内容に鑑みると、モンクのいう「性欲の対象」はピンセントの可能性もある。バートリー『ウィトゲンシュタインと同性愛』二一七頁、参照。

(9)トルストイの『要約福音書』からの引用は、中村白葉訳（「引用・参考文献」参照）による。
トルストイが読んだ聖書の訳文、ウィトゲンシュタインが読んだ独訳の『要約福音書』（レクラム文庫版であろう）にある聖書の訳文、中村氏の聖書の訳文、現代日本における標準的な聖書『新共同訳聖書』の訳文には、種々の相違がある。本章では、聖書からの引用も中村訳による。

『要約福音書』からの引用の最後の「（　）」内にある章は、その引用文がある『要約福音書』の章を示す。その次の「↑」の後は、トルストイが依拠した聖書の箇所を示す。

(10)ドイツ語では「文」と「命題」はともに"Satz"である。哲学研究者はこの訳語として「命題」を好むだろうが、ここでは一般読者のことにも配慮し、「文」という訳語も使用する。さらにいえば、「命題」を「真偽を決定できるもの」とするならば、「世界は成立している事柄の全体である」を始めとして、『論考』のほとんどの文は「命題」ではない。

(11)本章の論述は、マクギネス『ウィトゲンシュタイン評伝』によるところが大きい。

(12)二重帝国軍の野戦軍司令官（一八五五―一九二五）。退役していたが、第一次大戦の勃発直後に再召集され、新編成された第七軍団の司令官となる。一九一五年のゴルリッツ突破戦ではカルパチア山脈を突破しブコヴィナに進出する戦果をあげ、さらに、その冬のストリパ川の戦いでは三倍規模のロシア軍を撃退した。この成功により、ガリツィア全体を守備する第七軍の司令官となる。だが、その直後ブルシーロフ攻勢に見舞われ、第七軍は完敗した。それでも、少数の残存する兵をもってカルパチア山中で戦いを継続した。

(13)この頃のロシア軍とオーストリア軍の状況については、次の研究書の記述が興味深い。T. C. Dowling, *The Brusilov Offensive*, Indiana University Press, 2008, pp.48-61.

(14)クラウゼヴィッツが作った術語。戦場においては、どれほど入念に索敵・偵察を行ない現状の把握に努めようとも、敵はその場に留まっているとは限らず、戦場は常に流動的なものである。ゆえに、何かしらの不確定要素をすべて取り除くことは不可能である。このことが、さながら「霧」のように見通しを悪くし、指揮官の判断を妨げることを表わす。

(15)原語は″alles Mögliche″である。これを、当時のウィトゲンシュタインの従軍生活でこれから起こりそうなことと捉えるか、それとも、『論考』の「事態」「可能性」(可能的事実)をめぐる問題との関係で捉えるかで、日記の解釈が異なってくる。ここでは、日記の文脈から判断して、前者として捉える。

(16)ウィトゲンシュタインは『日記』において頻繁に祈っているわけだが、彼の言語哲学と「祈り」の関係については、次の鬼界の見解が注目される。

> この〔神との〕特別な関係に入る行為が「祈り」に他ならない。ウィトゲンシュタインがしたような仕方で「神」について「思考し、語る」とき、人は語りえないことを語ろうとして無意味な言葉を発しているのでなく、祈っているのである。それは言語の限界を侵犯することではなく、言語の中に秘められた(そして『論考』においては隠されつづけた)、「語ること」とも「示すこと」とも違う、我々と言語の第三の関わり方なのである。……「祈りとは生の意味についての思考である」という六月一一日の言葉は、厳密にこうしたことを意味していると考えなければならない。こうした「祈り」において示されている神との関係が「信仰」であり、それこそが生世界が可能になるための第一条件に他ならない。(強調原著者、『ウィトゲンシュタインはこう考えた』)

なお、「祈り」という言語行為が、「語りうる世界」と「語りえない世界」をいかに結びつけるかをめぐっては、次の現象学的分析を参照されたい。K. Hoshikawa and M. Staudigl, ″A Schutzian Analysis of Prayer with Perspectives from Linguistic Philosophy″ in *Human Studies*, vol. 39, 2016. DOI: 10.1007/s10746-015-9377-x

(17)Dowling, *op. cit.*, pp. 62-112.

(18)もちろん、『草稿』の「六月／七月一日」前後、『論考』の「六・四」前後で、ウィトゲンシュタインが書く内容をすっきり分けられるというほど、事実は単純ではない。

たとえば、ブルシーロフ攻勢が開始される一年以上前の一九一五年五月二五日の『草稿』には、「神秘的なものへの衝動」について書かれている――「神秘的なものへの衝動は、科学によってわれわれの願望が満足されないことから生じる。可能なすべての科学的な問いが答えられた場合でさえ、われわれの問題は依然としてまったく手を付けられないままになっている、とわれわれは感じる。もちろん、この時には、問いはもはやまったく残っていない。そして、まさにこれが解答なのである」(強調原著者)。そして、これは『論考』の「六・五二」にやや表現を変えて書かれている。

また、『論考』の「六・四」以降にある「六・五一」には、哲学的・論理的な事柄が書かれている――「懐疑論は論駁不可能なのではない。というより、問うことのできぬところに疑いをはさもうとするゆえに、それはまぎれもなくナンセンスなのである。なぜなら、疑いが成り立ちうるのは問いが成り立つときに限り、問いが成り立ちうるのは答えが成り立つときに限り、答えが成り立つのは何事かを語りうるときに限るからである」(強調原著者、改行省略)。

しかしながら、全体としてブルシーロフ攻勢以降、ウィトゲンシュタインが『草稿』に書く内容がガラリと変わることに間違いはない。また、賛否両論あるにせよ、「六・四」前後で『論考』を二分するというのも、一般に受け入れられていることである。

(19)本章の論述は、マクギネス『ウィトゲンシュタイン評伝』によるところが大きい。

(20)Cf. E. März, *Österreichische Bankpolitik in der Zeit der großen Wende 1913-1923*, Oldenbourg Verlag, 1981, p.190.

(21)『論考』の執筆開始は、ウィトゲンシュタインがケンブリッジにいた一九一二年の夏からと解釈できる。『論考』の詳しい執筆経過については、マクギネス『ウィトゲンシュタイン評伝』の四四三−四四六頁、鬼界彰夫『ウィトゲンシュタインはこう考えた』の三九―四二頁を参照されたい。
(22)この見解は、ウィトゲンシュタインが「言い表わせぬものが存在することは確かである。それは自らを示す。そ
れは神秘的なものである」（強調原著者、『論考』六・五二二）と述べていることも踏まえたうえでの見解である
――その「示す」方法が問題である。この「言い表わせぬもの」を「神」と解釈することは充分に可能である。
(23)冲永宜司は「〈事実〉を『福音書』における〈肉〉、〈語り得ぬもの〉を同書の〈霊〉として考えて」いる（「意味
との合一、問いの消滅――『要約福音書』が語りかけたこと」日本宗教学会編『宗教研究』第三八五号、二〇一
六年、参照）。一言でいうと、彼は、語りうる事実の世界を肉の世界、語りえない世界を霊の世界として、『論
考』を読み解いている。
(24)これは邦訳のサブタイトルだが、原語は〝An Ethical Deed〟なので、「倫理的行為」という訳も考えられる。すな
わち、『論考』を著わしたこと自体が「倫理的行為」だということになる。さらに、〝Deed〟には「偉業」という
意味もあり、これを採用すると、『論考』の出版は「倫理的偉業」となる。

ウィトゲンシュタイン略年譜

※（　）は関連事項であることを示す。
※ 1900 年以降のウィトゲンシュタインの年齢は、西暦の下 2 桁に 11 を加えればよい。

1889 年	4 月 26 日、オーストリア＝ハンガリー帝国の首都ウィーンに生まれる。洗礼名は、ルートヴィヒ・ヨーゼフ・ヨハン・ウィトゲンシュタイン。（同年、ハイデガーとヒトラーも生まれる。）
1902 年	長兄ハンスが自殺（次兄ルドルフは 1904 年に自殺、三兄クルトは 1918 年に自殺。）
1903 年	リンツの実科学校に入学、1906 年まで学ぶ。（同時期にヒトラーも在籍。）
1906 年	ベルリンのシャルロッテンブルク工科大学に機械工学の学生として入学。
1908 年	イギリスに渡り、グロサップ上層気象観測所で凧を用いて航空工学上の実験をする。その後、マンチェスター大学工学研究所の研究生となる。プロペラの設計をしながら､関心は次第に航空工学から数学の基礎へ移っていく。
1911 年	イエナ大学にフレーゲを訪ねる。彼の勧めにより、ケンブリッジ大学のラッセルの下で学び始める。
1912 年	ケンブリッジ大学のトリニティ・カレッジの学生となり、論理学の研究に没頭する。秋、親友のピンセントとアイスランドへ旅行。
1913 年	父カールが舌癌で死去。夏、ピンセントとノルウェーに旅行する。秋からショルデンにて論理学の研究に没頭する。『論理哲学論考』（『論考』）の基本的アイデアが芽生え始める。
1914 年	7 月末、第一次世界大戦が勃発し、8 月初めにオーストリア軍に「一年志願兵」として入隊し、東部戦線に配置される。現在『草稿 1914-1916』と呼ばれるノートならびに『秘密の日記』を書き始める。四兄パウルは戦場で右腕を失い、ロシア軍の捕虜となる。（7 月 28 日、オーストリア＝ハンガリー帝国がセルビアに宣戦布告。続いて、同盟国ドイツはロシアとフランスに宣戦布告。イギリスはドイツに宣戦布告。）
1916 年	6 月末からロシア軍のブルシーロフ攻勢を受ける（9 月 20 日まで）。この頃を境に『草稿』の内容が宗教的・形而上学的な内容へと変化を見せる。（西部戦線では、ヴェルダンの戦い（2 月）とソンムの戦い（7 月）が起こる。）
1918 年	イタリア戦線へ転属。山岳砲兵連隊に配属され、複数の勲功を立てる。5 月、ピンセントがイギリスでテスト飛行中に墜死したとの知らせを受け、精神的打撃を受ける。夏の休暇をウィーンなどで過ごし、事実上『論考』を完成する。11 月、トレント近くでイタリア軍の捕虜となる。（11 月にドイツ革命が起こり、ドイツは共和国宣言をする。オーストリアのカール 1 世が退位し、ハプスブルク帝国が崩壊する。）
1919 年	モンテ・カシーノの捕虜収容所へ移送される。8 月末、釈放されて、ウィーンに戻り、全財産を兄パウルと 2 人の姉に分け与える。9 月、教員養成学校に登録。（6 月末、ヴェルサイユ講和条約調印。7 月、ドイツでワイマール憲法制定。）
1920 年	教員養成学校を卒業し、9 月からトラッテンバッハの小学校の臨時教員となる。その後 26 年まで、5 年 7 か月にわたって、プーフベルク、オッタータールの小学校で教員を務める。（1 月、国際連盟が発足。）
1921 年	秋、『自然哲学年報』に『論理哲学的論文』（『論考』）が掲載される。

1926 年	4 月、児童への体罰事件がきっかけとなり、教員を依願退職する。ウィーンに戻り、ヒュッテルドルフの修道院に入ることを望むが果せず、修道院の庭師の仕事に就く。6 月、母レオポルディーネが死去。 秋、姉マルガレーテ（ストンボロー夫人）の邸宅を、建築家エンゲルマンとともに設計し始める。
1929 年	1 月、ケンブリッジ大学のトリニティ・カレッジの大学院に再入学。6 月『論考』を学位論文として提出し、博士号を取得。
1930 年	ケンブリッジ大学で講義を始める。
1936 年	8 月、ノルウェーのショルデンに引きこもり、思索に没頭する。11 月から 12 月にかけて『哲学探究』（『探究』）を書き始め、第 1 節から第 188 節までを書く。
1938 年	3 月、ナチス・ドイツによるオーストリア併合を知り、イギリスへの帰化を決心。
1939 年	2 月、ムーアの後任として、ケンブリッジ大学教授に就任。4 月、イギリス国籍を取得。（第 2 次世界大戦勃発。）
1941 年	11 月ロンドンのガイズ病院で奉仕活動を開始。
1943 年	ニューキャッスルのロイヤル・ヴィクトリア病院で実験助手になる。
1944 年	病院の職を辞し、ケンブリッジ大学に戻る。10 月、講義を再開し、『探究』の第 189 節から第 421 節までを執筆。
1945 年	1 月『探究』の序文を執筆。（5 月、ドイツが連合国に降伏。）
1946 年	『探究』の第 422 節から第 693 節まで書き、同書の第 I 部を完成。5 月から同書の第 II 部の執筆にとりかかる。
1947 年	12 月、ケンブリッジ大学教授を辞任。
1949 年	『探究』第 II 部の内容の選定を終了。7 月から 10 月まで、マルコムの招きで渡米。コーネル大学で講義やセミナーを行なう。帰国後、11 月に前立腺癌であることが判明。11 月、ウィーンへ行き、自宅に保管してあったノート類を焼却させる。ストンボロー邸にあった『秘密の日記』と『草稿 1914-1916』は焼却されずに残る。
1950 年	2 月、姉ヘルミーネが癌のため死去。4 月、オックスフォードのアンスコムの家に寄寓。絶筆となる『確実性の問題』（『確実性』）を書き始める。 11 月、ケンブリッジの医師ベヴァンの家に移る。
1951 年	1 月、アンスコム宅に戻り、遺言書を作成して、遺言執行人と遺稿管理人を指名する。2 月、病状悪化のため、ベヴァン医師の家に戻る。3 月から 4 月、『確実性』を書き進める。4 月 27 日午後、散歩の後発作を起こし、28 日に意識を失い、29 日に永眠する。5 月 1 日、遺体がケンブリッジの西北端、セント・ジャイルズ墓地（現アセンション教会区墓地）のほぼ中央に埋葬される。墓石には、姓名と生没年のみ記される（写真参照）。

※本年譜を作成するにあたっては、主として、野家啓一編「ウィトゲンシュタイン略年譜」（『ウィトゲンシュタインの知 88』新書館、1999 年、所収）を参照させていただいた。明記して、お礼申し上げる。

あとがき

今年（二〇一六年）は、ウィトゲンシュタインの六六回忌にあたる。また、『秘密の日記』の第三冊目が書かれてから一〇〇年になる年である。本書の出版にとって、これは不思議な巡り合わせであり、運命的なものを感じる。

本書に収められた『秘密の日記』（以下『日記』とも略記）は、「人間ウィトゲンシュタイン」を知るうえで、最重要資料の一つである。しかしながら、これまで日本語訳はおろか英訳すら出版されたことはないし、バウムの翻刻・編集による二つのドイツ語版にも、第一部の「テクストについて」で述べられたような、種々の問題がある。今回の『日記』の訳出はおそらく「世界初の完全版」ということになるだろう。

ところで、『秘密の日記』はあくまでも、ウィトゲンシュタインの私的な日記である。それだけを読んでも、よく分からない部分が多い。彼の従軍中の生活と照らし合わせながら読んで初めて、そこに書かれていることの意味がわかる。しかし、ウィトゲンシュタインが従軍中にいかなる軍事行動をとったかを、詳細に精確に知ることは難しい。そこで、いささか長めの解説において、まずはマクギネスの『ウィトゲンシュタイン評伝』およびモンクの『ウィトゲンシュタイン』を頼りに骨組みをつくり、それに肉付けしていくことで、当時のウィトゲンシュタインが置かれた環境を再構成することにした。仕事の分担としては、解説全体の構成とウィトゲンシュタイン関係の論述を星川がおこない、軍事関係の論述ならびにマクギネスとモンクの軍事関係の記述の確認を石神がおこなった。

『秘密の日記』を、本来同一のノートに記されていた『草稿一九一四–一九一六』と照らし合わせながら読めば、彼の哲学的思索と軍隊生活の密接な関係も見えてくる。こうした読み方をすると、ウィトゲンシュタインの『論理哲学論考』(以下『論考』とも略記)の執筆状況がかなり鮮明になる。それゆえ、『日記』を読むことは、『論考』の内容(とりわけ「六・四」以降)を理解することに資するのである。もちろん、彼のその後の生き方も『日記』に凝縮されたかたちで見ることができよう。

なお、本書全体に関わることだが、ウィトゲンシュタインは「性欲」「自慰」「官能性」についての『秘密の日記』で頻繁に書いている。当初は、この部分を削除して『日記』を訳出したり解説を執筆したりすることを考えていた。しかし、「やはりこの日記は、そういうことをせずに、ありのままのかたちで出版したほうがよい」と関係者全員で判断した。こうした部分の訳出や解説での言及に眉をひそめる読者もいるかもしれないと思い、一言申し上げておくしだいである。

本書がウィトゲンシュタインに心を寄せる読者の手に取られ、彼の人間性・宗教性・哲学的思索の理解に少しでも役立つことを、訳者とともに、願ってやまない。

最後になったが、情報提供や校正などについて、冲永宜司氏・石川明人氏・松野智章氏・中村憲司氏・渡辺隆明氏にお礼を述べたい。
さらに、本書の出版を引き受けてくださった春秋社の神田明会長ならびに澤畑吉和社長と、編集の労をとってくださった小林公二氏に、心から感謝の意を表したい。

二〇一六年四月

星川啓慈
石神郁馬

ウィトゲンシュタインの墓

2015 年 7 月 11 日、渡辺隆明氏撮影。

戦術・戦略

●片岡徹也・福川秀樹『戦略・戦術用語事典――戦略論体系別巻』芙蓉書房出版、2003 年。
●瀬戸利春ほか『戦略・戦術・兵器詳細「図説」第一次世界大戦（上）（下）』学研マーケティング、2008 年。
●田村尚也ほか『ミリタリー基礎講座Ⅱ 現代戦術への道』（歴史群像アーカイブ 3）学研マーケティング、2008 年。

武器・兵器

●石橋孝夫『艦艇学入門――軍艦のルーツ徹底研究』光人社 NF 文庫、2000 年。
●エリス, J.（越智道雄訳）『機関銃の社会史』平凡社、1993 年。
●佐山二郎『大砲入門――陸軍兵器徹底研究』光人社 NF 文庫、2008 年。
●須川薫雄『日本の機関銃』SUGAWAWEAPONS 社、2003 年。
●ダイヤグラム・グループ編『武器――歴史,形,用法,威力』マール社、1982 年。
●ドアティ, M., ハスキュー, M.（角敦子・友清仁監訳）『銃と戦闘の歴史図鑑』原書房、2014 年。
●フォッグ, I.（小野佐吉郎訳）『大砲撃戦――野戦の主役、列強の火砲』サンケイ新聞社出版局、1972 年。
●マヌシー, A.（今津浩一訳）『大砲の歴史』ハイデンス、2004 年。

戦争一般

●川村康之『クラウゼヴィッツ』（戦略論体系②）芙蓉書房出版、2001 年。
●キーガン, J., ガウ, J., ホームズ, R.（大木毅訳）『戦いの世界史――一万年の軍人たち』原書房、2014 年。
●クラウゼヴィッツ, K.（篠田英雄訳）『戦争論（上）（中）（下）』岩波文庫、1968 年。
●――――（日本クラウゼヴィッツ学会訳）『戦争論――レクラム版』芙蓉書房出版、2001 年。
●クレフェルト, M.（石津朋之訳）『戦争文化論（上）（下）』原書房、2010 年。
●杉之尾宜生『孫子』（戦略論体系①）芙蓉書房出版、2001 年。
●孫子（金谷治訳）『新訂　孫子』岩波文庫、2000 年。
●星川啓慈・石川明人『人はなぜ平和を祈りながら戦うのか？』並木書房、2014 年。
●マクニール, W.（高橋均訳）『戦争の世界史（上）（下）』中央公論新社、2014 年。

第一次世界大戦

●石津朋之『第一次世界大戦開戦 100 周年を迎えて』（『NIDS コメンタリー 38 号』防衛研究所、2014 年、所収）。
●石田保政『欧州大戦史ノ研究』陸軍大学校将校集会所、1938 年。
●ウィルモット, H. P.（五百旗頭真・等松春夫監修、山崎正浩訳）『第一次世界大戦の歴史大図鑑』創元社、2014 年。
●ウィンター, J. M.（小林章夫・深田甫訳）『第一次世界大戦（上）（下）』（20 世紀の歴史 13・14 巻）平凡社、1990 年。
●大津留厚『捕虜が働くとき――第一次世界大戦・総力戦の狭間で』人文書院、2013 年。
●参謀本部『欧州戦争叢書第 15 号』偕行社、1917 年。
●――――『欧州戦争叢書第 18 号』偕行社、1918 年。
●――――『欧州戦争叢書第 26 号』偕行社、1918 年。
●――――『大局ヨリ見タル世界戦史 1914–1918』（欧州戦争叢書 特第 5 ～ 9 号）偕行社、1919–1920 年。
●――――『殲滅戦』（欧州戦争叢書 特第 11 号）偕行社、1921 年。
●――――『大戦間に於ける英仏露連合作戦』（欧州戦争叢書 特第 24 号）偕行社、1925 年。
●瀬戸利春ほか『第 1 次世界大戦（上）（下）』（歴史群像アーカイブ 20・21）学研マーケティング、2011 年。
●タックマン, B.（山室まりや訳）『八月の砲声（上）（下）』筑摩書房、2004 年。
●チャーチル, W.（広瀬将訳）『世界大戦 1 ～ 9 巻』非凡閣、1937 年。
●テイラー, A. J. P.（倉田稔訳）『目で見る戦史 第一次世界大戦』新評論、1980 年。
●別宮暖朗『第一次大戦陸戦史』並木書房、2014 年。
●山上正太郎『第一次世界大戦――忘れられた戦争』講談社、2010 年。
●リデルハート, B.（上村達雄訳）『第一次世界大戦（上）（下）』中央公論新社、2000 年。
●ロイド・ジョージ, D.（内山賢次訳）『世界大戦回顧録 1 ～ 9 巻』改造社、1940 年。

1951』講談社現代新書、2003 年。
●キートリー, A.（星川啓慈訳）『ウィトゲンシュタイン・文法・神』法藏館、1989 年。
●黒崎宏『「語り得ぬもの」に向かって――ウィトゲンシュタイン的アプローチ』勁草書房、1991 年。
●ケニー, A.（野本和幸訳）『ウィトゲンシュタイン』法政大学出版局、1982 年。
●末木剛博『ウィトゲンシュタイン論理哲学論考の研究Ⅰ――解釈編』公論社、1976 年。
●――――『ウィトゲンシュタイン論理哲学論考の研究Ⅱ――註釈編』公論社、1977 年。
●トゥールミン, S., ジャニク, A.（藤村龍雄訳）『ウィトゲンシュタインのウィーン』TBS ブリタニカ、1978 年。
●野矢茂樹『ウィトゲンシュタイン「論理哲学論考」を読む』ちくま学芸文庫、2006 年。
●ハッカー, P. M. S.（米澤克夫訳）『洞察と幻想――ヴィトゲンシュタインの哲学観と経験の形而上学』八千代出版、1981 年。
●バートリー, W. W.（小河原誠訳）『ウィトゲンシュタインと同性愛』未来社、1990 年。
●星川啓慈『ウィトゲンシュタインと宗教哲学』ヨルダン社、1989 年。
●――――『宗教者ウィトゲンシュタイン』法藏館、1990 年。
●細川亮一『形而上学者ウィトゲンシュタイン――論理・独我論・倫理』筑摩書房、2002 年。
●マルカム, N.（P. ウィンチ編・黒崎宏訳）『ウィトゲンシュタインと宗教』法政大学出版局、1998 年。

ウィトゲンシュタイン入門

●飯田隆編『ウィトゲンシュタイン読本』法政大学出版局、1995 年。
●ヴフタール, K., ヒュブナー, A.（寺中平治訳）『ウィトゲンシュタイン入門』大修館書店、1981 年。
●エイヤー, A. J.（信原幸弘訳）『ウィトゲンシュタイン』みすず書房、1988 年。
●永井均『ウィトゲンシュタイン入門』ちくま新書、1995 年。
●藤本隆志『ウィトゲンシュタイン』講談社、1981 年。
●山本信・黒崎宏編『ウィトゲンシュタイン小事典』大修館書店、1987 年。

その他の文献

●トルストイ, L. N.（中村白葉訳）「要約福音書」『トルストイ全集［新装版］14 宗教論（上）』河出書房新社、1973 年。
●星川啓慈・松田真理子『統合失調症と宗教――医療心理学とウィトゲンシュタイン』創元社、2010 年。

B 戦争関係

※戦争に関係する書籍は、日本語のものだけでも膨大な数にのぼる。ここでは、本書で引用しなかったものも紹介しているが、本書と関わりの深い分野のものに限定して掲載した。

引用・参考文献

A ウィトゲンシュタイン関係

※ウィトゲンシュタインに関係する書籍は、日本語のものだけでも膨大な数にのぼる。ここでは、本書で引用しなかったものも紹介しているが、本書と関わりの深い分野のものに限定して掲載した。
※『論理哲学論考』には多くの翻訳がある。ここでは、出版年の早いものから紹介したが、出版社の変更などの事情もあり、実際の出版年の順番とはなっていない。また、すべてを網羅しているのでもない。
※欧文の文献は「註」にのみ掲載する。

ウィトゲンシュタインの『論理哲学論考』

●ウィトゲンシュタイン, L.（藤本隆志・坂井秀寿訳）『論理哲学論考』法政大学出版局、1968 年。
●――――（奥雅博訳）「論理哲学論考」（『ウィトゲンシュタイン全集 1 論理哲学論考・草稿一九一四–一九一六・論理形式について』大修館書店、1975 年、所収）。
●――――（黒崎宏訳）「論理的・哲学的論考」（『『論考』『青色本』読解』産業図書、2001 年、所収）。
●――――（野矢茂樹訳）『論理哲学論考』岩波文庫、2003 年。
●――――（中平浩司訳）『論理哲学論考』ちくま学芸文庫、2005 年。
●――――（丘澤静也訳）『論理哲学論考』光文社古典新訳文庫、2014 年。
●――――（山元一郎訳）『論理哲学論』中公クラシックス、2014 年。

ウィトゲンシュタインのその他の著作

●ウィトゲンシュタイン, L.（奥雅博訳）「草稿一九一四–一九一六」（『ウィトゲンシュタイン全集 1　論理哲学論考・草稿一九一四–一九一六・論理形式について』大修館書店、1975 年、所収）。
●――――（丘澤静也訳）『反哲学的断章』青土社、1981 年。
●――――（I. ゾマヴィラ編・鬼界彰夫訳）『ウィトゲンシュタイン哲学宗教日記』講談社、2005 年。

ウィトゲンシュタインの伝記・回想など

●黒崎宏『ウィトゲンシュタインの生涯と哲学』勁草書房、1980 年。
●マクギネス, B.（藤本隆志ほか訳）『ウィトゲンシュタイン評伝――若き日のルートヴィヒ 1889–1921』法政大学出版局、1994 年。
●マルコム, N. ほか（藤本隆志訳）『回想のヴィトゲンシュタイン』法政大学出版局、1974 年。
●モンク, R.（岡田雅勝訳）『ウィトゲンシュタイン――天才の責務（1）（2）』みすず書房、1994 年。

ウィトゲンシュタインの思想研究

●飯田隆『ウィトゲンシュタイン――言語の限界』講談社、1997 年。
●鬼界彰夫『ウィトゲンシュタインはこう考えた――哲学的思考の全軌跡 1912-

翻訳

丸山空大（まるやま・たかお）

1982年、東京都生まれ。東京大学大学院人文社会系研究科修了。現在、東洋英和女学院大学、東京工科大学非常勤講師。博士（文学）。専門は宗教学、近代ドイツ・ユダヤ思想。主要論文：「ローゼンツヴァイクの回心譚を再考する」（『京都ユダヤ思想』第5号、2015年）、「後期ヘルマン・コーエンの宗教哲学とメシアニズム」（『宗教哲学研究』第30号、2013年）、"Prayer and Paganism"（*The Proceedings of the Franz Rosenzweig Gesellschaft*, vol. 1, 2014）、「血、民族、神——初期マルティン・ブーバーの思想の展開とそのユダヤ教（Judentum）理解の変遷」（『宗教研究』第368号、2011年）ほか。

解説

星川啓慈（ほしかわ・けいじ）

1956年、愛媛県生まれ。筑波大学大学院博士課程哲学・思想研究科単位取得退学。現在、大正大学文学部教授。博士（文学）。専門は宗教学・宗教哲学。主要著書：『人はなぜ平和を祈りながら戦うのか？』（石川明人氏との共著、並木書房、2014年）、『宗教と〈他〉なるもの』（春秋社、2011年）、『言語ゲームとしての宗教』（勁草書房、1997年）、『宗教者ウィトゲンシュタイン』（法藏館、1990年）、『ウィトゲンシュタインと宗教哲学』（ヨルダン社、1989年）ほか。主要論文："A Schutzian Analysis of Prayer with Perspectives from Linguistic Philosophy"（with Dr. M. Staudigl, *Human Studies*, vol. 39, 2016）、「宗教对话的难题与突破困境的方法——基于语言哲学视角的宗教对话用语"层次化"问题考察」（陶金訳、『世界宗教文化』第1期、2016年）、「神経生理学とユダヤ教——決定と自由の狭間を生きたB・リベットの場合」（『宗教研究』第377号、2013年）ほか。

解説

石神郁馬（いしがみ・いくま）

1977年、千葉県生まれ。國學院大学文学部卒業。軍事研究家。主要論文：「第一次世界大戦における東部戦線——ブルシーロフ攻勢を中心に」（『宗教研究』第385号、2016年）、「永遠なる大東亜戦争」（『神青協』第116号、2006年）ほか。主要講演：「尖閣諸島に迫る軍事的脅威とは何か？」（神奈川県神社庁横浜三支部連合主催教養研修会、2014年）、「國學院大学における神職養成と神道教育の特徴」（東京大学宗教学講義（ゲストスピーカー）、2013年）ほか。

ウィトゲンシュタイン『秘密の日記』

第一次世界大戦と『論理哲学論考』

2016年4月29日　第1刷発行

著者――――――ルートヴィヒ・ウィトゲンシュタイン
翻訳――――――丸山空大
解説――――――星川啓慈・石神郁馬
発行者―――――澤畑吉和
発行所―――――株式会社 春秋社
〒101-0021 東京都千代田区外神田 2-18-6
電話 03-3255-9611
振替 00180-6-24861
http://www.shunjusha.co.jp/
印刷・製本―――萩原印刷 株式会社
装丁――――――本田　進

ISBN978-4-393-32366-3
定価はカバー等に表示してあります